Heidemarie Langer

Blickkontakte

Heidemarie Langer

Blickkontakte

Ungewöhnliche Begegnungen mit Jesus

KREUZ

für dich

MIX
Papier aus verantwortungsvollen Quellen
FSC® C106847

www.kreuz-verlag.de
Umschlaggestaltung: Verlag Herder

Umschlagmotiv: © INFINITY – Fotolia.com
Satz: de·te·pe, Aalen
Herstellung: fgb · freiburger graphische betriebe
www.fgb.de

Printed in Germany

ISBN 978-3-451-61225-1

Inhalt

Vorwort

»Alles wirkliche Leben ist Begegnung« –
sagt Martin Buber in seinem Buch »Ich und Du«.

Es ist dieser Wunsch nach lebendiger Begegnung, der mich dazu bewegt, seit vielen Jahren gemeinsam mit anderen Menschen biblische Erzählungen zu entdecken.

Ihre Weisungen und Weisheiten können uns nahekommen, ihre menschheitlichen Themen und Fragen uns ansprechen. Auch können uns bestimmte Motive, Elemente, Symbole einer Erzählung mit ihren Eigenschaften, ihrem »inneren Wissen« begegnen.

Sie sind es, die in diesem Buch neben Personen besonders zur Sprache kommen.

Im Geschehen der Veränderungen und Verwandlungen wirken sie mit.

So erzählt ein Schiff die Geschichte der Sturmstillung.
Ein Baum hört Jesus mit einem Gelehrten sprechen.
Körner entdecken die Worte vom Brot des Lebens.
Ein Schrei spürt die Heilung eines Menschen.
Wasser erlebt Verwandlungen.
Eine verdorrte Hand spricht von ihrer Heilung.

Vielleicht sind die Erzählungen lebendige Beispiele für eine alte geistliche Weisheit, die besagt, das Geschehen Gottes, das Göttliche, unter uns Menschen und auch in allen Dingen zu suchen.

Bewusst offen nenne ich Jesus in meinen Erzählungen

den »Neuen«, um die Kraft, die in ihm wirkt und die in den Begegnungen geschieht, in anderer und neuer Weise aufleuchten zu lassen.

Nun sind die Geschichten bei Ihnen.

Mit Ihrem Augenmerk, Ihrem Blickwinkel, Ihrem jeweiligen Interesse und Ihrer Lebenssituation werden Sie sie lesen und, so hoffe ich, gespannt darauf sein, was Sie anspricht.

Mit und auch ohne Bibelkenntnis werden Sie die Erzählungen neu entdecken.

Vielleicht haben Sie Interesse, weitere und andere Übersetzungen der biblischen Geschichten zu erkunden.

Mit meinen Erzählungen möchte ich dazu anregen, die beschriebenen elementaren Motive auch im eigenen Alltag zu entdecken; in freier Zeit, im Urlaub, vielleicht im Gehen und Pilgern.

Ich wünsche Ihnen beim Lesen viel Freude!

Heidemarie Langer

Die Geschichten sprechen:

Einmal sind wir geschehen. Und das Geschehen war so bedeutsam, dass es immer weiter erzählt wurde, immer wieder und weiter.
Dann haben uns Menschen aufgeschrieben.
Kunstvoll und voller Hingabe haben uns die Schreibenden in Worte geformt
und uns zueinandergefügt.
Seither lesen uns viele Menschen.

Viele sind berührt und meinen, bessere Geschichten könne es nicht geben;
kein Wort dürfe verändert werden.
Andere nehmen uns auseinander und rätseln, beraten, was an uns echt sei,
was später hinzugefügt und damit zweitrangig sei.
Sie durchsuchen uns nach Historie und bewerten das jeweilige Interesse des Schreibenden.
Es ist schon erstaunlich, was sie alles entdecken.
Manchmal wundern wir uns, was sie aus uns herausholen und wie sie darüber streiten, wer nun recht habe mit seiner Entdeckung.
Immer einmal wieder erwägen wir, was uns dies bedeutet.
In jedem Fall aber finden wir es gut, dass sie uns nicht beiseitelegen wie etliche andere, die kein Interesse mehr an uns Alten haben.

Manche nehmen unsere Motive auf und schreiben ganze Romane dazu,
Gedichte, szenische Gestaltungen.
Das hält uns lebendig.
Wie gut, dass wesentliche Gedanken von uns weitergehen. Wie könnten sie auch verloren sein!

Andere lesen uns und fragen sich, welche Hinweise sie für ihr Leben bekommen.
Sie begegnen uns mit ihrem jetzigen Leben und ihren Fragen. Sie spielen uns und lassen uns in ihnen wohnen. Mit dem, was sie für sich selbst und miteinander finden, erzählen sie uns weiter und verwandeln sich – und uns.
Da leben wir auf.

Das Wirken Jesu beginnt

Der Gruß spricht:

Meist freuen sich die Menschen, wenn ich ihnen geschehe.
Sie erleben sich als angesehen, nehmen lebendige Begegnung wahr.
Wenn ich unerwartet geschehe, kann es sein, dass die Menschen an mir erschrecken.

So war es, als mich ein Engel sprach.
Nun bin ich in einem Engel sicherlich eine besonders starke Kraft.
Allein der Klang –

Der alte Priester, dem ich damals geschah, fiel vor Furcht zu Boden.
Natürlich wusste er aus den Schriften vom Engel.
Doch nun war er leibhaftig mit seinem Licht gegenwärtig. Nun geschah ich.
Das traf ihn ins Mark.
Gar die folgenden Worte des Engels, die Wirklichkeit werden sollten.
Der alte Priester brauchte lang, um mich anzunehmen, den Gruß.
Und ich wirkte.

Ich wirkte auch, als der Engel zu einer jungen Frau hereinkam.
Auch sie erschrak an mir.
Doch sie nahm mich bald auf und brachte mich zu

ihrer Verwandten.
Als sich die beiden Frauen sahen, geschah ich, und die Kinder in ihrem Leib hüpften vor Freude.

Ich wirkte und wirke immer weiter – in jeder Begegnung.

Wenn die Menschen »Grüß Gott« zueinander sagen,
merke ich, dass die Kraft des Engels dabei mitschwingen will.
Gewiss auch im »Adieu« und im »Tschüss«.

Verheißung der Geburt Johannes des Täufers

Da erschien ihm ein Engel des Herrn,
der zur Rechten des Rauchopferaltars stand.
Zacharias erschrak, als er ihn sah,
und Furcht überfiel ihn.
Doch der Engel sagte zu ihm:
Fürchte dich nicht, Zacharias, denn dein Gebet
ist erhört worden.
Lukas 1, 11–13

Verheißung der Geburt Jesu

Er trat bei ihr ein und sagte:
Sei gegrüßt, du Begnadete, der Herr ist mit dir.
Sie erschrak über das Wort und sann nach, was dieser Gruß bedeuten solle.
Der Engel sagte zu ihr: Fürchte dich nicht, Maria; denn du hast bei Gott Gnade gefunden …

Lukas 1, 28–30

Begegnung zwischen Maria und Elisabet

Maria machte sich in diesen Tagen auf und eilte in eine Stadt im Gebirge von Judäa. Sie trat in das Haus des Zacharias und begrüßte Elisabet.
Als Elisabet den Gruß Marias hörte, hüpfte das Kind in ihrem Leib; Elisabet wurde vom Heiligen Geist erfüllt und rief mit lauter Stimme:
Gesegnet bist du unter den Frauen und gesegnet ist die Frucht deines Leibes!
Woher wird mir dies zuteil, dass die Mutter meines Herrn zu mir kommt?
Denn als der Klang deines Grußes in mein Ohr drang, hüpfte das Kind vor Freude in meinem Leibe.

Lukas 1, 39–44

Die Stimme spricht:

Wenn ein Mensch ans Licht der Welt kommt, bin ich von Anbeginn bei ihm.
Ich erstarke in seiner Sprache und werde immer mehr zu einer wesentlichen Kraft seines Lebens.

Als Stimme bin ich dem Inhalt verbunden, den der Mensch spricht, und übertrage, wie er innerlich zu diesem steht, wie er es meint.
Ebenso bin ich der Beziehung zu den anderen verbunden, zu denen der Mensch spricht.
Ich mittle Inhalt, Gesinnung und Beziehung.
Die Menschen merken es, wenn alles zusammenpasst, und nennen es »stimmig«.

In Johannes bin ich eine besondere Kraft.
Nicht, dass ich eine überragende Qualität in ihm wäre – das nicht.
Das Besondere ist, dass er voll und ganz mit mir zusammenlebt und mit mir eins ist.
Wenn die Menschen Johannes fragen, wer er sei, sagt er, er sei ich: die Stimme.

Und es ist so.
Er steht ganz in seiner Aufgabe, in den Inhalten früherer Weisungen zu leben
und sie den heutigen Menschen zu vermitteln.
Fest begründet lebt er in vielen alten Botschaften, die er im Jetzt zum Klingen bringt:

»Wendet euch um, wendet euch zu dem hin, was Leben fördert und was das Leben mit euch vorhat. Wendet euch dem Kommenden hin!«

Meine Kraft in ihm mittelt die Zeiten ins Jetzt.

Ich, die Stimme, mittle, was war und was ist – und weise auf darüber Hinausgehendes hin, das noch nicht ist – und das dennoch schon jetzt aufleuchtet: das Kommende.
Es tönt durch mich hindurch – und geschieht vor allem in der Stille, die Johannes oftmals nach mir entstehen lässt.
Dann merke ich, wie ich mich im Echo als Klang entfalte und wie in der weiter sich öffnenden Stille eine kaum hörbare und doch zu erlauschende Ahnung auf das Kommende hin geschieht.

Wie sehr liebe ich diese Zukunfts-Musik.

Johannes der Täufers über sich selbst

Das ist das Zeugnis des Johannes, als die Juden aus Jerusalem
Priester und Leviten zu ihm sandten mit der Frage:
Wer bist du?
Da bekannte er und leugnete nicht; er bekannte:
Ich bin nicht der Messias.
Sie fragten ihn:
Was dann? Bist du Elija? Er sagte:
Ich bin es nicht.
Bist du der Prophet? Er antwortete:
Nein.
Da fragten sie zu ihn:
Wer bist du? Wir müssen denen, die uns gesandt haben,
Antwort bringen. Was sagst du über dich selbst?
Er sagte:
Ich bin die Stimme eines Rufenden in der Wüste: Bereitet den
Weg des Herrn! wie der Prophet Jesaja gesagt hat.
... Mitten unter euch steht der, den ihr nicht kennt, der nach
mir kommt ...

Johannes 1, 19–23.26

Er verkündete: Ich habe euch mit Wasser getauft,
er aber wird euch mit Heiligem Geist taufen.

Markus 1,8

Die Mutter spricht:

Ich denke, dass seine Zeit gekommen ist, nun auch öffentlich zu wirken.
Ich sehe, dass er zögerlich ist. Er wehrt meinen Hinweis ab.
Er will seine Zeit selbst bestimmen.
Er ist so.
Wenn ich es bedenke, habe ich über die Jahre immer besser verstanden, dass er so ist. Das war beileibe nicht einfach für mich und für uns.

Als er zwölf war und wir als Familie in Jerusalem waren, blieb er auch nach den Gebeten im Tempel. Wir wussten nicht, wo er war, und suchten ihn. Als wir ihn fanden, sagte er, dass er im Hause seines Vaters sein müsse.
Da begriffen wir, dass er uns innerlich verlassen hatte und in seine Bestimmung ging.
Mehr und mehr Raum nahm er sich, um in der Lehre zu wachsen.
Wir begleiteten ihn, auch wenn er häufig allein ging und andere fand,
die bei ihm sein wollten.
Er ging in seinen Weg.

Doch ist jetzt nicht die richtige Zeit gekommen, dass er öffentlich wirksam wird?
Ich finde: Es passt gut, denn wir sind auf einer

Hochzeit und der Wein ist ausgegangen. Man stelle sich vor: eine Hochzeit ohne Wein!

Ich denke, ich werde den Raum für sein Wirken vorbereiten.
War das nicht immer meine Aufgabe gewesen?

Ich werde den Dienern sagen, dass sie das tun sollen, was er ihnen sagen wird.
Und dann werde ich mich zurücknehmen. Ganz.

So wie der alte Wein ausgeht – ausgehen muss –, denn der neue ist da.

Die Hochzeit in Kana

Und am dritten Tag war eine Hochzeit in Kana in Galiläa, und die Mutter Jesu war dort. Aber auch Jesus und seine Jünger waren zur Hochzeit geladen.
Und als der Wein ausging, sagt die Mutter Jesu zu ihm: Sie haben keinen Wein mehr.
Und Jesus sagt zu ihr: Was hat das mit dir und mir zu tun, Frau? Meine Stunde ist noch nicht da.
Seine Mutter sagt zu den Dienern: Was immer er euch sagt, das tut.
Es standen dort aber sechs steinerne Wasserkrüge, wie es die Reinigungsvorschriften der Juden verlangen, die fassten zwei bis drei Maß. Jesus sagt zu ihnen: Füllt die Krüge mit Wasser! Und sie füllten sie bis oben.
Und er sagt zu ihnen: Schöpft jetzt und bringt dem Speisemeister davon. Und sie brachten es.
Als aber der Speisemeister das Wasser kostete, das zu Wein geworden war, und nicht wusste, woher es war – die Diener aber, die das Wasser geschöpft hatten, wussten es –, da ruft der Speisemeister den Bräutigam und sagt zu ihm: Jedermann setzt zuerst den guten Wein vor, und wenn sie betrunken sind, den schlechteren. Du hast den guten Wein bis jetzt zurückbehalten.

Das tat Jesus als Anfang der Zeichen in Kana in Galiläa. Und er offenbarte seine Herrlichkeit, und seine Jünger glaubten an ihn.

Johannes 2, 1–11

Die Dienenden sprechen:

Was haben wir gelacht, als wir dem Speisemeister den neuen Wein zu kosten gaben und er nicht wusste, woher dieser gute Tropfen war.
Wir wussten es, aber wir haben es ihm nicht gesagt.

Wir waren ausgelassen, heiter, beschwingt und auch ein wenig beschwipst von der Feier, als wir mitbekamen, dass die Gäste keinen Wein mehr hatten und der Neue uns anordnete, die Krüge bis oben mit Wasser zu füllen.
Was für eine merkwürdige Anordnung, jetzt die Krüge, die zur Reinigung dastehen, mit frischem Wasser zu füllen.
Na ja, das Wasser konnte wirklich eine Erneuerung brauchen.
Viele Gäste hatten sich darin die Hände gewaschen und der Tag war heiß gewesen. Wie das Reinigungswasser nun aussah!
Wasser nimmt eben alles auf, was man ihm eingibt.
Also: Frisches Wasser machte schon Sinn.

Wir lachten und machten uns ans Werk, gossen das verbrauchte Wasser aus und liefen dann mit unseren Eimern hin und her, um neues, frisches einzufüllen. Es war wie ein Spiel, dieses Hin- und Herlaufen, dieses Schöpfen und Eingießen und wieder Losziehen, um weiteres Wasser zu holen.
Wir waren heiter, rempelten einander an, sodass

manches Wasser danebenfloss – na ja, nur manches. Wir hatten einfach nur Spaß daran, an diesem Holen und Eingeben, immer wieder holen und einfließen lassen.

Was alles gaben wir dem Wasser ein mit unserer Heiterkeit, unserem sprudelnden Spiel, unserem Lachen, dem quicklebendigen Miteinander …
Der uns die Anordnung gegeben hatte, der Neue, er stand keinesfalls wie ein sturer Befehlgebender dabei. Er machte mit. Es schien ihn zu erheitern, wie wir alle miteinander Wasser holten und die Krüge füllten. Ja, es schien ihm in unserem spielerischen Hin- und Hergelaufe sichtlich gut zu gefallen.

Als wir die Krüge randvoll bis oben gefüllt hatten, sagte er, wir sollten nun daraus schöpfen und es dem Speisemeister bringen. Da ging es weiter: Schöpfen und bringen, schöpfen und bringen – wir waren nahe dran, den Rhythmus der Worte zu sprechen.

Als der Speisemeister annahm, was wir ihm brachten, und staunend kostete –
und zum Bräutigam eilte, um ihn zu fragen, wieso er den besten Wein bis zuletzt aufbewahrt habe –, wussten wir, wie das Wasser in Wein gewandelt worden war. Aber wir haben es ihm nicht gesagt.

Hätte er uns gefragt, hätten wir gesagt:
Gehen Sie mal dienen, dann wissen Sie's.

Symbole und Heilungen

Das Haus spricht:

Meine Wände wackeln, die Räume sind durcheinander.
Alles scheint in Unordnung geraten zu sein.
Der Hausfrieden hängt schief.
Und ich frage mich, wann endlich wieder Ruhe einkehren wird und neue gute Ordnung.

Er war es. Natürlich war er der Unruhestifter, obwohl er es dieses Mal
vielleicht nicht beabsichtigt hatte. Wer weiß –
Er kam wie immer müde von den Reisen, ausgelaugt von seinen vielen Reden
und seinem Wirken.

Eine der Schwestern hatte gemerkt, dass er auf dem Weg in das Dorf war.
Sie mag ihn sehr, lief hinaus und lud ihn ein.
Und natürlich machte sie sich sogleich in der Küche zu schaffen und kochte für ihn und seine Freunde, die mit ihm gekommen waren.
Die andere Schwester hingegen blieb im Eingang und Wohnraum bei ihm und fragte ihn nach seinen Reisen und Erfahrungen. Er freute sich sichtlich, davon zu erzählen.
Alles war in Ordnung.
Die eine kochte und bereitete ihm Speise – und die andere fragte und hörte ihm zu, was für ihn anscheinend ebenso nährend war.

Ich fühlte mich gut.
Es war, als füllten sich meine beiden Räume –
der der Küche und der des wohnenden Lebens und der Ruhe.
Wir waren Eins.

Doch da hatte ich mich wohl getäuscht.
Die tüchtige Küchenfrau schoss mit einem Mal heraus und konfrontierte ihre Schwester: »Wie kannst du mich nur allein lassen in der Küche …«

Hätte er doch jetzt geschwiegen, denke ich.
Wäre er doch jetzt ruhig geblieben. Die Lauschende wäre mit in die Küche gegangen.
Die bisherige Ordnung hätte sich wieder eingestellt – und wir hätten alle wieder unseren Hausfrieden gehabt.

Aber nein –
Er stand auf, stellte sich in die Mitte des Raumes zwischen die beiden Frauen
und sagte zur Aufbrausenden: »Du machst dir viele Sorgen und Mühe.
Deine Schwester hat einen guten Teil gewählt; der soll bei ihr bleiben.«
Wie ein Zünglein an der Waage stand er da mitten zwischen ihnen und sagte:
»Eins ist not.«

Da waren die Frauen ohne Worte und mucksmäuschenstill.

Aber es war nur die Ruhe vor dem Sturm.
Er ging wieder fort.

Doch seither kämpfen und streiten die beiden – und zwar heftig.
Ich sage ja: Die Wände wackeln.
Immerfort fühlt sich die Tätige von ihrer Schwester verlassen und von ihm abgekanzelt, ja abgewertet; und das, wo *sie* ihn hereingeholt hat.
»Eins ist not«, damit meine er wohl nur die andere.
Immerfort schwieg die Hörende weiter; und wenn sie etwas sagte, sagte sie:
»Ich habe einen guten Teil gewählt – ja, gewählt. Wieso hast du den deinen nicht gewählt – er ist doch auch gut.«
»Als ob ich das könnte«, so die Aktive.

Die Wände wackeln.
Der Hausfrieden wird ständig infrage gestellt – seit Generationen!
Und dabei leben beide in mir: ein Küchenraum und ein Wohnraum.
Die Menschen können mal hier und mal dort sein, mal aktiv und mal in die Ruhe eingehend, hörend, lauschend.
Mein Gott, ich bin das Haus und habe für beide Seiten und Zeiten Raum.
»Eins ist not«, hat er gesagt.
Ja klar, eins.
Das bin ich, das Haus,

das beiden Seiten Raum gibt,
beide umhüllt
und die Mitte freigibt –
Ich erinnere mich gut.

Marta und Maria

Als sie aber weiterwanderten, kam er in ein Dorf.
Eine Frau namens Marta nahm ihn in ihr Haus auf.
Sie hatte eine Schwester namens Maria.
Die setzte sich zu Füßen des Herrn und lauschte seinem Wort.

Marta aber war durch vielerlei Dienste beansprucht;
sie trat hinzu und sagte:
Herr, kümmert es dich nicht, dass meine Schwester mir die Bedienung allein überlässt?
Sag ihr doch, dass sie mir helfen soll!

Doch der Herr antwortete ihr:
Marta, Marta, du machst dir Sorge und Unruhe um viele Dinge.
Aber nur eines ist notwendig.
Maria hat den guten Teil erwählt;
der wird ihr nicht genommen werden.

Lukas 10, 38–42

Der Baum spricht:

Die Nächte sind wunderbar mit ihrer Kühle.
Ich liebe den aufkommenden Wind, der die Blätter ins Rauschen bewegt,
mit ihnen schwingt und singt!

Heute Nacht haben sich zwei Männer bei mir niedergelassen.
Sie lehnen sich an meinen Stamm, spüren den Halt, der sie ausruhen lässt.
Sie beginnen ein Gespräch.
Der eine fragt den anderen, wie er in das Reich Gottes kommen könne.
Und der andere antwortet, er müsse von Neuem geboren werden.
Merkwürdige Worte.
Kein Wunder, dass der andere nachfragt, wie er denn von Neuem geboren werden könne, wo er doch alt sei:
»Kann ich denn in den Leib meiner Mutter nochmals eingehen und geboren werden?«
»Aus Wasser und Geist musst du geboren werden«, sagt der andere.

Ich höre euch inmitten des wundersam kühlenden Windes, des Gesangs der Blätter:
»Aus Wasser und Geist – aus Wasser und Geist.«

Meine Wurzeln saugen das Wasser aus der Erde.
Tief leben meine vielen Wurzeln verbunden mit anderen; tief im Körper der Mutter Erde: Wasser und Geist.

Das Wasser steigt auf und ernährt meinen Stamm.
Nächtlicher Tau fließt in die Blätter, belebt sie.

Angelehnt spürt ihr das strömende Atmen
in meinem Stamm im Leib der Mutter Erde –
hört den Geist des Windes in den Blättern,
die beständige Begegnung von Licht, Luft und Wasser – den Geist, der das Grün des Lebens immer neu gebärend hervorbringt.

»Aus Wasser und Geist musst du geboren werden.«
Ich höre dich.
»Der Wind weht, wo er will – und du weißt nicht, woher er kommt und wohin er weht.«
Ich höre dich, wie du mich horst.

Jesus und Nikodemus

Es war unter den Pharisäern ein Mann mit Namen Nikodemus,
ein führender Mann unter den Juden.
Er kam bei Nacht zu ihm und sagte zu ihm: Rabbi, wir wissen,
dass du als Lehrer von Gott gekommen bist.
Denn niemand kann diese Zeichen tun, die du tust, wenn
nicht Gott mit ihm ist.
Jesus antwortete ihm: Amen, amen, ich sage dir:
Wer nicht von Neuem geboren wird, kann das Reich Gottes
nicht sehen.

Nikodemus sagt zu ihm: Wie kann ein Mensch geboren
werden, wenn er ein Greis ist?
Kann er etwa zum zweiten Mal in den Schoß seiner Mutter
gehen und geboren werden?
Jesus antwortete: Amen, amen, ich sage dir:
Wer nicht aus Wasser und Geist geboren wird,
kann nicht in das Reich Gottes eingehen.
Was vom Fleisch geboren ist, ist Fleisch;
was aus dem Geist geboren ist, ist Geist.
Wundere dich nicht darüber, dass ich zu dir sagte,
ihr müsst von Neuem geboren werden.
Der Wind weht, wo er will, und du hörst sein Brausen;
aber du weißt nicht, woher er kommt noch wohin er geht.
So verhält es sich mit jedem, der aus dem Geist geboren ist.

Nikodemus antwortete ihm: Wie kann das geschehen?
Johannes 3, 1–9

Das Wasser spricht:

Ich bin ein Teich mit ruhigem, klarem Wasser.
Viele Kranke liegen hier und in meiner Nähe.
Sie alle warten auf einen Engel, der manchmal kommt.
Wenn er da ist und sich in mich einlässt, bewege ich mich an seinen Schwingungen und entfalte heilende Kraft.
Wer nun in mich hineingleitet, der wird geheilt, mit welcher Krankheit er auch immer befallen war.

Alle wissen es. Alle erleben es immer wieder.
Was heißt alle: Immer nur einer erlebt es dann im Wasser und geht geheilt und glücklich davon.
Denn es heißt, dass nur einer, der Erste, der ins Wasser steigt, geheilt werden könne. So heißt es.
Schon lange heißt es so.

Ich weiß nicht, ob meine heilende Kraft nicht auch für andere weitere da wäre,
doch es kommt immer nur der Erste.
Darauf haben sie sich festgelegt. Alle glauben es.
Manchmal dachte ich:
Probiert mich doch aus, kommt doch zu mir hinein; erkundet, ob ich nicht auch für weitere von euch heilende Schwingung bin.
Warum sollte die Kraft nicht für mehrere reichen?
Und wenn nicht, dann erfrischt euch doch wenigstens in mir, reicht euch die Hände, helft

euch gegenseitig in meine kühle Frische, erlebt euch miteinander!
Ihr könntet munter werden, euch gegenseitig bespritzen, ihr könntet wieder Lachen merken, Lebensfreude.
Und wer weiß: Vielleicht würde die heilende Schwingung des Engels in mir weitergehen, da ihr sie in mir weiter bewegt – warum probiert ihr es nicht und wagt euch vor?

Aber nein. Ihr habt euch festgelegt.
Auf eine Legende habt ihr euch festgelegt und prüft sie nicht. Zu Hunderten liegt ihr da und wartet und wartet jahrelang auf die vielleicht wiederkommende Bewegung des Engels.

Als *er* hierher kam, hörte er von der Legenden-Geschichte.
Voller Verwunderung und Mitleid ging er zwischen den Daliegenden hin und her, sah mich an, das Wasser, sah die Menschen.
Der Tag war heiß. So ging er zu mir und tauchte eine Hand in mich ein, wischte sich die Stirn.

Dann ging er zu den Menschen.
Bei einem blieb er stehen und hörte, dass der schon achtunddreißig Jahre lang so dagelegen hatte. Er sah ihn lange an, auch der Liegende sah ihn an.

»Willst du gesund werden?«, fragte er.
»Ich habe keinen Menschen, der mich ins Wasser

trägt«, sagte der Kranke.
Jetzt hat er einen Menschen, dachte ich, der ihn zu mir trägt.
Der Erwartete ist da.

Aber er trug ihn nicht zu mir. Er sah den Daliegenden an – der ihn.
Was geschah in ihrem Blick?
»Steh auf«, sagte er.
»Steh auf! Hebe deine Matte auf. Heb auf, worauf du festgelegt warst, und geh!«
Da stand der Mensch auf – und ging.

Ich war bewegt. Was war das?
Wird er jetzt alle heilen? Geht er nun zu allen hin?, fragte ich mich.

Doch er ging fort.
Als er bei mir vorbeikam, dachte ich:
Wieso gehst du? Streckte niemand sonst seine Hände nach dir aus?
Sind sie auch hier weiter festgelegt auf: einer, immer nur einer?
Oder gehst du, weil du neue Festlegungen befürchtest –
nun auf dich? Und wäre das ein Unglück?

Heilung eines Gelähmten am Teich Betesda

Danach war ein Fest der Juden und Jesus zog nach Jerusalem hinauf. In Jerusalem befindet sich am Schaftor ein Teich, auf hebräisch Betesda genannt, mit fünf Säulenhallen. Dort lagen viele Kranke, Blinde, Lahme, an Auszehrung Leidende, die auf die Bewegung des Wassers warteten.
Ein Engel des Herrn stieg nämlich von Zeit zu Zeit in den Teich hinab und ließ das Wasser aufwallen. Wer dann zuerst nach dem Aufwallen des Wassers hineinstieg, wurde gesund, von was für einer Krankheit er auch befallen war.

Dort lag ein Mann, der schon achtunddreißig Jahre an seiner Krankheit litt.
Als Jesus den dort liegen sah und erfuhr, dass er schon lange krank war, fragte er ihn:
Willst du gesund werden?
Der Kranke antwortete ihm:
Herr, ich habe keinen Menschen, der mich, sobald das Wasser in Wallung gerät, in den Teich bringt. Während ich auf dem Weg bin, steigt schon ein anderer vor mir hinab.
Jesus sagt zu ihm: Steh auf, nimm deine Bahre und geh umher!
Sofort wurde der Mann gesund, nahm seine Bahre und ging umher.

Johannes 5, 1–9

Der Schrei spricht:

Ich bin die bittende Kraft in einem blinden Bettler.
Er sitzt vor den Toren der Stadt. Nur hier darf er sitzen und betteln.
Er hört alle, die vorbeiziehen. Es sind viele.
Lang schon möchte ich mich zeigen und die Menschen erreichen, ihnen nachrufen.
Doch er hält mich fest, presst seine Zähne zusammen, hält den Mund dicht, hält aus, hält durch, unterdrückt mich tief im Körper.

An jenem Tage aber war ich nicht mehr aufzuhalten.
Wieder zogen Menschen über Menschen vorüber, vorbei. Doch als ich hörte, dass *er* dabei sei, kam ich hervor, ich kam heraus, platzte aus seinem Mund – laut, kräftig brüllend am zurückgehaltenen Schmerz riefen die Worte aus mir heraus:
»Erbarm dich meiner. Du – erbarm dich meiner!«
Die Menschen zischten mich an, forderten Ruhe, verboten mir den Mund, schrien selbst, um mich zum Schweigen zu bringen.

Doch er hörte mich. Er stand still und hörte mich.
Ich weiß es, denn ich spürte den Raum zwischen uns wie einen Nachhall, ein Echo auf meinen Ruf.
»Ruft den Blinden zu mir herbei!«, sagte er.
Da sprang der Blinde auf, und ich führte ihn sicher durch den Raum zu ihm, der gehört hatte.

Er umarmte uns und sagte:
»Hör auf deinen Schrei. Er weiß, wie du wieder sehen kannst.«

Heilung eines Blinden bei Jericho

Als er mit seinen Jüngern und vielem Volk Jericho wieder verließ, saß Bartimäus, der Sohn des Timäus, ein blinder Bettler, am Weg.
Als er hörte, dass es Jesus aus Nazareth war, rief er laut: Sohn Davids, Jesus, erbarme dich meiner!
Viele fuhren ihn an, er solle still sein, er aber schrie noch lauter: Sohn Davids, erbarme dich meiner!

Da blieb Jesus stehen und sagte: Ruft ihn her!
Sie riefen den Blinden und sagten zu ihm:
Hab Mut, steh auf, er ruft dich.
Da warf er seinen Mantel ab, sprang auf und kam zu Jesus.
Und Jesus fragte ihn: Was willst du, dass ich dir tun soll?
Der Blinde antwortete ihm: Rabbuni, dass ich wieder sehen kann.
Da sagte Jesus zu ihm: Geh hin, dein Glaube hat dir Heilung gebracht.
Und sogleich sah er wieder und folgte ihm auf dem Weg.
Markus 10, 46–52

Die Finger sprechen:

Natürlich braucht er uns alle. Wie sonst könnte er tragen, handeln und anpacken?
Er braucht uns, wenn er lehrt und uns dabei zur weisenden Geste formt.
Er braucht uns, wenn er sich sammelt und betet.
Wir leben in ihm und sind für ihn da.
Zu besonderen Zeiten braucht er unsere Zartheit.
Vor allem, wenn er einen Menschen berührt, damit seine Wunde heilen kann.
Welche Kraft kommt dann zu uns, welch sanft fließendes, starkes Strömen vibriert in uns – durch uns hindurch in den Menschen.

Einmal kamen laut rufende Männer auf ihn zu.
Sie hatten eine Frau hart am Arm gepackt, stellten sie und sich vor ihn hin.
»Auf frischer Tat haben wir sie beim Ehebruch ertappt.
Das Gesetz sagt, dass wir sie steinigen müssen.«
Und sie starrten ihn an, hoben ihre geballten Hände zum Fluch.

Da schlug er die Augen nieder und setzte sich auf die Erde.
Still schrieb er mit uns auf den weichen Sand – millionenfach zerrieben.
Wir fühlen es noch im Erinnern, wie wir zarte Muster zeichneten.

Achtsam, behutsam – als sollten wir die Erde nicht verletzen,
und als warteten wir auf den Wind, der die Zeichen wieder verwehen würde.

»Wer von euch ohne Sünde ist, der werfe den ersten Stein!«,
sagte er und richtete sich auf.
Dann setzte er sich wiederum nieder und schrieb mit uns tief in die Erde hinein.

Da gingen die Männer einer nach dem anderen fort.

Und er sah zur Frau auf, die nun allein dastand.
»Auch ich verurteile dich nicht«, sagte er.
Da verneigte sich die Frau und setzte sich zu ihm auf die Erde und berührte uns.

Die Ehebrecherin

Jesus aber ging auf den Ölberg. In der Frühe erschien er wieder im Tempel und alles Volk kam zu ihm. Er setzte sich und lehrte sie.

Da brachten die Schriftgelehrten und die Pharisäer eine Frau herbei, die beim Ehebruch ertappt worden war, stellten sie in die Mitte und sagten zu ihm:
Meister, diese Frau ist auf frischer Tat beim Ehebruch ertappt worden. Mose hat uns im Gesetz vorgeschrieben, solche Frauen zu steinigen. Was sagst du dazu? Das sagten sie, um ihn auf die Probe zu stellen, damit sie eine Anklage gegen ihn hätten.

Jesus aber bückte sich und schrieb mit dem Finger auf die Erde. Als sie jedoch hartnäckig weiterfragten, richtete er sich auf und sagte zu ihnen:
Wer von euch ohne Sünde ist, der werfe als Erster einen Stein auf sie.

Dann bückte er sich wieder und schrieb auf die Erde.
Als sie das gehört hatten, gingen sie weg, einer nach dem andern, von den Ältesten angefangen.
Er blieb allein zurück mit der Frau, die in der Mitte stand.
Da richtete sich Jesus auf und sagte zu ihr:
Frau, wo sind sie? Hat keiner dich verurteilt?
Sie aber antwortete: keiner, Herr!
Da sagte Jesus zu ihr: Auch ich verurteile dich nicht. Geh und sündige von jetzt an nicht mehr!
Johannes 8, 1–12

Die Fürbitte spricht:

Ich bilde mich in einem Menschen, der an eine Not auf der Erde denkt, an eine schwierige Situation eines anderen.
Eine Kraft bin ich in seiner Hinwendung zum anderen.
Stark werde ich, wo beide an der Grenze nicht weiterwissen und der Bittende über sich hinaus den Himmel um Hilfe anruft.

Wenn sich ein Mensch mir hingibt,
wenn er sich mir überlässt und sich auf mich verlässt,
trage ich ihn, sein Rufen und Flehen,
und wir öffnen uns beide.
Himmelweit.

An einem Tag war ich sehr gefordert.
Ich lebte in einer Frau aus einem fernen Land, die sich auf den Weg zu ihm gemacht hatte und ihn inständig um Hilfe und Heilung für ihre kranke Tochter bat.
Als sie mich ausgesprochen hatte, erschrak ich, denn er wehrte sie und mich ab.

Was geschieht mit ihm, dachte ich.
Ist er nicht der, der alle annimmt, die zu ihm kommen?
Ist er nicht der, der für Menschen da ist, wenn sie

von Herzen bitten
und meine Kraft in ihnen vertrauend wirkt?
Was wehrt er hier ab?
»Nicht über meine Grenze«, sagte er.
»Ich bin für die verlorenen Schafe Israels da, nicht für andere.«

Erbarmen, dachte ich. Er hat sich doch auch sonst Menschen anderer Länder zugewandt, in denen ich wirkte und die offen baten.
Erbarmen!
Ich merkte, wie ich mich erregt ausdehnte.
Es war, als würde ich, die Fürbitte, an seiner brüsken Abfuhr und seiner Grenzziehung noch größer werden und in der Frau erstarken.

Da fuhr er fort:
»Man nimmt den Kindern nicht das Brot weg und wirft es vor die Hunde.«
Herrschaft!, durchfuhr es mich, welche Demütigung spricht er hier aus!
Lassen wir dies nicht zu, dachte ich, gehen wir nicht darauf ein!
Denken wir an das Kind, verbinden wir uns dem Kind!

Da merkte ich, wie die Frau nur noch an ihre Tochter dachte und zu ihm sagte:
»Doch die Hunde – fressen sie nicht die Brosamen, die vom Tisch der Herren für sie abfallen …?«

Mit diesen Worten fiel sie vor ihm auf die Erde.

Und ich sah ihn an.

Die kanaanäische Frau

Jesus ging von dort weg und zog sich in das Gebiet von Tyrus und Sidon zurück.
Da kam eine kanaanäische Frau aus jener Gegend herbei und rief:
Erbarme dich meiner, Herr, Sohn Davids! Meine Tochter wird von einem bösen Dämon geplagt.
Er aber antwortete ihr mit keinem Wort. Da traten seine Jünger zu ihm und baten ihn: Entlass sie, denn sie schreit hinter uns her.
Doch er antwortete: Ich bin nur zu den verlorenen Schafen des Hauses Israel gesandt.
Da kam sie, warf sich vor ihm nieder und sagte: Herr, hilf mir!
Er aber antwortete: Es ist nicht recht, das Brot den Kindern wegzunehmen und es den Hunden hinzuwerfen.
Sie aber sagte: Ja, Herr, aber auch die Hunde fressen von den Brocken, die vom Tisch ihrer Herren fallen.
Da antwortete ihr Jesus: Frau, dein Glaube ist groß. Dir geschehe, wie du willst.
Und von jener Stunde an war ihre Tochter geheilt.
Matthäus 15, 21–28

Heilungen am Sabbat

Der Sabbat spricht:

Ich bin die Heilige Zeit der Ruhe.
Als Gott alle seine schöpferischen Werke getan hatte, erschuf er den Tag, an dem er selbst ausruhte.
Er erschuf diesen siebenten Tag als Feier, alles zu lassen –
und heiligte das ruhende Sein in dankender Stille.

Ich merke, wie sehr der Neue diesen Tag ehrt.
Er liebt das Zusammensein mit den Betenden, die Feier des Dankens.
Er liebt es, in der Kraft dieses Tages, den Menschen von Gott zu erzählen.
Und er erzählt stark.

Heute geschah Erstaunliches.
Es geschah, als er von der aufrichtenden Bewegung Gottes sprach.
Da sah er mitten in seiner Rede eine verkrümmte Frau, die am Rande stand.
Er rief sie zu sich.
Und es war, als würde er weiter predigen, als er zu ihr sagte:
»Du bist von deiner Krankheit befreit« – und sie berührte.
Da richtete sie sich auf.

Er ist der Neue, dachte ich.
Es ist wunderbar: Reden und Handeln sind ihm

eine Bewegung.
Er scheint gar nicht wahrzunehmen, dass er das Verbot übertritt,
eine Frau anzusprechen, eine Kranke zu berühren.
Er scheint einzig und allein in seinen Gedanken-Worten zu leben,
die wie völlig selbstverständlich sein Handeln bewegen – leicht und kraftvoll.
Er ist wirklich der Neue.

Ich stocke. Ich frage mich:
Musste diese Heilung am heutigen Heiligen Tag der Ruhe geschehen?
Er bricht die Bedeutung dieses Tages.
Er bricht es auf – das Gebot des Heiligen Ruhenlassens.
Er bricht mich auf, den Sabbat, und lässt meine Kraft der Feier in schöpferisches Wirken einfließen.

Was geschieht mir?

Alle sind aufgebrochen.
Ich sehe, wie viele an dem, was sie hier erleben, jubeln und Gott preisen.
Und ich sehe, wie die Verantwortlichen für das Einhalten der Gebote hellauf entsetzt sind.

Der Neue hat das Heilige gebrochen.

Es floss in die Umwandlung der Kranken in die
Geheilte und erhob sie zur Tochter Gottes.

Wer ist dieser Neue? Ein Jude, der ehrt, bewahrt
und ebenso aufbricht, verwandelt?
Wer ist er?
Lebt er ein Gottes-Zeichen, dass die Schöpfung
nicht beendet ist und weitergehen und werden
und geschehen will?

Was geschieht mit mir,
der Heiligen Zeit der Ruhe?
Und was –
ich wage es kaum zu denken –
was könnte geschehen,
wenn eines Tages meine Zeit der Ruhe
gar nicht mehr geachtet wird?

Ich bin beunruhigt.

Heilung einer gekrümmten Frau am Sabbat

Jesus lehrte am Sabbat in einer Synagoge.
Da war eine Frau, die seit achtzehn Jahren einen Krankheitsdämon hatte.
Sie war verkrümmt und konnte sich nicht mehr ganz aufrichten.
Als Jesus sie sah, rief er sie zu sich und sagte zu ihr:
Frau, du bist von deiner Krankheit erlöst. Und er legte ihr die Hände auf.
Sogleich richtete sie sich auf und pries Gott.

Der Synagogenvorsteher aber, unwillig darüber, dass Jesus am Sabbat geheilt hatte, sagte zu den Leuten:
Sechs Tage gibt es, an denen man arbeiten darf; an denen kommt und lasst euch heilen, aber nicht am Sabbat!
Der Herr entgegnete ihm:
Ihr Heuchler! Bindet nicht jeder von euch am Sabbat seinen Ochsen oder seinen Esel von der Krippe los und führt ihn zur Tränke?
Diese Tochter Abrahams, aber, die der Satan schon achtzehn Jahre gefesselt hielt, musste sie nicht am Sabbat von dieser Fessel befreit werden?

Als er dies sagte, wurden alle seine Widersacher beschämt, und das ganze Volk freute sich über alles Herrliche, was durch ihn geschah.

Lukas 13, 10–17

Der Blick spricht:

Ich kann mich selbst nicht sehen.
Ich entstehe in einem Moment einer Begegnung.
Ich entstehe in diesem lebendigen Zwischenraum –
Auge in Auge.

Der Neue sieht viel und schaut oft dahin,
wo andere nichts weiter Besonderes sehen.
Wenn dabei ein Kontakt mit dem Gegenüber
entsteht, geschehe ich.
Ich geschah, als er einen sah, der sich über die
Maßen bemühte, zu ihm zu kommen.
Ich geschah, als einer meinte, er sei nicht
angesehen.
Ich geschah, wenn er die Kinder sah und sie
umarmte.
Ich geschah, als er eine schon lang in sich
verkrümmte Frau sah, die nicht imstande war,
sich aufzurichten.
Als sie einander begegneten, war ich heilend.
Denn ich sah, wie sie war, wie sie jetzt ist und wie
sie sein wird –
in einem einzigen lebendigen Jetzt.

Der Zöllner Zachäus

Dann kam er nach Jericho und zog hindurch.
Dort lebte ein Mann mit Namen Zachäus, der war ein Oberzöllner und reich.
Er wollte gern sehen, wer Jesus sei, konnte es aber nicht wegen der Volksmenge; denn er war klein von Gestalt.
Da lief er voraus und stieg auf einen Maulbeerfeigenbaum, um ihn zu sehen; denn da musste er vorüberkommen.
Als nun Jesus an die Stelle kam, schaute er hinauf und sagte zu ihm:
Zachäus, steig schnell herunter, denn heute muss ich in deinem Haus bleiben.
Schnell stieg er herunter und nahm ihn mit Freuden auf.

Lukas 19, 1–6

Jesus und die Kinder

Lasst die Kinder zu mir kommen, hindert sie nicht daran, denn für solche (wie sie) ist das Reich Gottes.
Amen, ich sage euch:
Wer das Reich Gottes nicht annimmt wie ein Kind,
wird nicht hineingelangen.
Und er umarmte und segnete sie, indem er ihnen die Hände auflegte.

Markus 10, 14–16

Der Glaube spricht:

Als die Freunde mich entdeckten, war ich klein und eher schwach.
Kein Wunder, sie hatten nun Monate mit ihrem kranken Freund zusammengelebt. Und der hatte keine Hoffnung mehr auf Genesung.
Ich, der Glaube, schien abgesetzt zu sein.
Natürlich lebte ich in den Freunden und auch im Kranken weiter, denn ich lebe in jedem Menschen. Doch meine Kraft entfaltet sich, wenn der Mensch sich zu mir hinwendet.
Da war ich nun – wie eine kleine Sparflamme lebte ich in ihnen.
Und ich wartete. Es gehört zu mir, dass ich mich selbst nicht aufgebe und darauf warte, ob ich nicht doch gebraucht werde – und damit auflebe.

Eines Tages hörten die Freunde von einem neuen, starken Prediger, der heilenden Kräften verbunden sei. Diese, so hörten sie, seien sehr stark und mit seiner Lehre von Gott verbunden.
Da meldete ich mich, der Glaube.
Erst zögerlich.
Doch die Freunde waren entzündet.
Je mehr sie hofften, desto stärker wurde ich.
Auch an den Zweifeln wurde ich nun im Widerstreit stark, bis ich fast völlig in den Freunden glühte.

Sie wollten zum Lehrenden. Sie waren davon überzeugt, dass er helfen könnte. So nahmen sie den Kranken auf eine Trage und trugen ihn dorthin, wo er lehrte.

Menschenmengen hatten sich dort im Haus versammelt und ließen die Freunde nicht durch. Fast wären sie verzagt zurückgewichen.
Doch ich, der Glaube, feuerte sie an, dranzubleiben, weiter in ihrem Ziel zu bleiben.

So suchten und fanden sie ihren Weg, indem sie mutig aufs Dach des Hauses stiegen.
Ja, sie stiegen dem lehrenden Heilenden aufs Dach – und deckten es ab und ließen ihren Freund mitsamt der Trage hinab – mitten vor ihn hin und mitten hinein in seine Botschaft.
Da schaute er auf und sah mich und die Freunde und sagte: »Mensch –«

Heilung eines Gelähmten

Eines Tages, als er lehrte, saßen auch Pharisäer und Gesetzeslehrer da, die aus allen Orten von Galiläa und Judäa und aus Jerusalem gekommen waren.
Und die Kraft des Herrn drängte ihn zum Heilen.

Da brachten Männer auf einem Bett einen Menschen, der gelähmt war; und sie versuchten, ihn hineinzubringen und vor ihn hinzulegen.
Da sie aber wegen der Menge keinen Weg fanden, ihn hineinzubringen, stiegen sie auf das Haus und ließen ihn samt dem Bett durch das Ziegeldach hinunter, gerade vor Jesus hin. Als er ihren Glauben sah, sagte er:
Mensch, deine Sünden sind dir vergeben.
... Da begannen die Schriftgelehrten und Pharisäer sich Gedanken zu machen und sagten:
Wer ist das, der solche Lästerungen wagt?
Wer kann Sünden vergeben als Gott allein?
Doch Jesus erkannte ihre Gedanken und sagte zu ihnen:
Was denkt ihr in euren Herzen?
Was ist leichter, zu sagen: Dir sind deine Sünden vergeben!, oder zu sagen: Steh auf und geh umher?
Damit ihr aber wisst, dass der Menschensohn Vollmacht hat, auf der Erde Sünden zu vergeben – sagte er zu dem Gelähmten:
Ich sage dir, steh auf, nimm dein Bett und geh heim!
Sofort stand er vor ihren Augen auf, nahm das Bett, worauf er gelegen hatte, und ging heim, Gott preisend.

Lukas 5, 17–25

Die Hand spricht:

Lang schon lebe ich mit ihm und kann mich nicht bewegen.
Gelähmt bin ich, handlungsunfähig.
Ich kann mich nicht mehr öffnen.
Er versteckt sich mit mir, der verdorrten Hand.
Er schämt sich und rätselt ständig herum, wie das geschehen konnte, dass ich erstarrt bin.
Ich weiß es, sicherlich weiß ich es, doch er kann mich nicht hören.
Vielleicht ist es auch besser so, denn ich wüsste von mir aus nicht, wie ich mich wieder öffnen könnte.

An einem Tag waren viele Menschen zusammengekommen, um den Neuen zu hören. Er war ein besonderer Prediger, der manchmal vorbeikam.
Er lehrte und hob dabei seine Hände, um auf Gott im Himmel hinzuweisen und ihn zu loben.
Da sah er mich, die gelähmte, verdorrte Hand.
Ich zitterte. Und zitterte umso mehr, als er seine Lehre unterbrach
und den Menschen mit mir zu sich heranrief.
»Tritt her, in die Mitte.«

Ich zitterte, als wir zu ihm gingen.
Bis hinein in den ganzen Arm,
weiter in den Körper des Menschen,
immer weiter hinein bis in die Mitte seines Körpers
zitterte ich – zitterten wir.

Da wurden wir mit einem Mal ruhig,
der Mensch und ich.

Tief atmend sah der Mensch den Lehrenden an.
Dann erhob er seine Arme – wie er –
und ich öffnete mich.

Heilung einer verdorrten Hand

An einem anderen Sabbat ging er in die Synagoge und lehrte. Dort war ein Mann, dessen rechte Hand verdorrt war. Die Schriftgelehrten und Pharisäer beobachteten ihn, ob er am Sabbat heilen würde, damit sie eine Anklage gegen ihn finden könnten.

Er aber kannte ihre Gedanken und sagte zu dem Mann mit der verdorrten Hand: Steh auf und stelle dich in die Mitte! Er stand auf und stellte sich hin.

Da sagte Jesus zu ihnen: Ich frage euch:
Ist es erlaubt, am Sabbat Gutes oder Böses zu tun,
ein Leben zu retten oder zu verderben?

Und er blickte sie alle ringsum an und sagte zu ihm:
Streck deine Hand aus!
Er tat es und seine Hand wurde wieder gesund.

Lukas 6, 6–10

Gleichnisse Jesu

Der Boden spricht zu einem Geldstück:

Du bist hingefallen. Ja, ich ahne, dass du das nicht gewollt hast; du bist gestürzt und auf mich gefallen. Du bist allein.
Doch du liegst auf mir. Ich halte dich.

Hab keine Sorge. Die Frau wird dich finden, da bin ich sicher.
Sie gehört nicht zu denen, die dich liegenlassen würden, weil sie von anderem noch genug haben und dich nicht brauchen. Sie gehört nicht zu denen, die dich vielleicht nicht einmal vermissen würden. Sie wird dich suchen, da bin ich sicher.
Mehr noch: Sie wird dich finden, denn sie weiß, dass du irgendwo hier in ihrem Haus sein musst.
Also sorg dich nicht.
Du kennst sie doch. Sie wird alles umdrehen und räumen, bis sie dich wiedergefunden hat.
Keinesfalls tastet sie blind umher. Sie wird ein Licht anzünden, alles beleuchten und genau hinschauen.

Da – da kommt schon ihr Lichtstrahl auf uns zu.
Merkst du, wie du ihr entgegenleuchtest!

Gleichnis von der verlorenen Drachme

Oder welche Frau, die zehn Drachmen hat
und eine Drachme verliert,
zündet nicht ein Licht an
und kehrt das Haus und sucht sorgfältig,
bis sie sie findet?

Und wenn sie sie gefunden hat,
so ruft sie ihre Freundinnen und Nachbarinnen zusammen und sagt:
Freut euch mit mir; denn ich habe die Drachme gefunden,
die ich verloren hatte.

Ebenso, sage ich euch, wird bei den Engeln Gottes Freude sein
über einen einzigen Sünder, der umkehrt.
Lukas 15, 8–10

Das Erbe spricht:

Ich bin ein stattlicher Schatz der Familie. Seit Generationen lebe ich bei ihnen,
werde gehütet, bewahrt und vermehrt.
An einem Tage geschah Aufregendes mit mir.
Einer der beiden Söhne der Familie kam zu seinem Vater und bat ihn, ihm den Teil von mir zu geben, der ihm zustünde.
Es war erstaunlich, dass dieser Jüngere danach fragte.
Noch erstaunlicher fand ich, dass der Vater mich tatsächlich austeilte; und das, ohne eine einzige Frage zu stellen, was der Sohn mit mir vorhabe.
Hingegen gab er ihm seinen Anteil – und dem älteren Sohn den anderen, obwohl der gar nicht nach mir gefragt hatte.
Er teilte mich zu gleichen Teilen auf. Er teilte mich völlig an beide aus und behielt nichts für sich. Er stand mit offenen leeren Händen da und hatte alles gegeben: mich.

Der Sohn, der gefragt hatte, nahm seinen Anteil und ging mit mir in die Welt hinaus.
Wir erlebten viel, reisten umher, entdeckten Länder und Menschen – und er gab mich aus. Hier und dort verteilte er mich, tauschte mich ein, verschenkte mich, bis ich eines Tages völlig ausgeteilt war –

und der Sohn mit leeren Händen dastand.
Mit nichts stand er da, verausgabt, ausgegeben –
ohne mich.
Hatte ich dieses Bild nicht schon einmal gesehen?

Doch was sollte nun werden?
Der Sohn war in jeder Hinsicht am Ende.
Lange blieb er in seiner Leere.

Dann drehte er sich eines Tages um und ging zu
seinem Vater zurück.
Und dann geschah es:
Schon von Weitem sah ihn der Vater und lief ihm
entgegen. Mit offenen Armen trafen sie
aufeinander –
und ihre leeren Hände füllten sich.

Gleichnis vom barmherzigen Vater

Ferner sagte er: Ein Mann hatte zwei Söhne.
Der jüngere von ihnen sagte zum Vater:
Vater, gib mir den Teil des Vermögens, der mir zukommt.
Da teilte er den Besitz unter sie auf.
Wenige Tage darauf packte der jüngere Sohn alles zusammen, zog fort in ein fernes Land und vergeudete dort sein Vermögen durch ein verschwenderisches Leben.

Nachdem er alles durchgebracht hatte, kam eine schwere Hungersnot über das Land und er fing an, Mangel zu leiden. Da ging er zu einem Bürger jenes Landes und drängte sich ihm auf; der schickte ihn auf seine Felder zum Schweinehüten. Gerne hätte er sich den Magen mit den Schoten gefüllt, die die Schweine fraßen, aber niemand gab sie ihm.
Da ging er in sich und sagte: Wie viele Tagelöhner meines Vaters haben Brot im Überfluss, ich aber komme hier vor Hunger um! Ich will mich aufmachen und zu meinem Vater gehen und zu ihm sagen:
Vater, ich habe gesündigt gegen den Himmel und vor dir. Ich bin nicht mehr wert, dein Sohn zu heißen; halte mich wie einen von deinen Tagelöhnern.

Dann machte er sich auf und ging zu seinem Vater.
Sein Vater sah ihn schon von Weitem kommen, wurde von Mitleid bewegt, lief herbei, fiel ihm um den Hals und küsste ihn.

Lukas 15, 11–20

Der Teig spricht:

Du musst mich durchmengen und lange kneten,
damit ich ein guter Teig werde.
Deine Hände sind stark und tun mir gut. Ich
merke, wie ich bestens durchgewalkt werde, wie
du mir feine Gewürze hinzufügst und sich meine
Konsistenz zeigt.
Es ist gut so. Deine Hände machen aus mir einen
wunderbaren Teig.

Doch nun bitte ich dich, mich in Ruhe zu lassen,
damit ich mich von mir aus weiter entfalten kann.
Deck mich zu, lass mich an einem guten Ort
einfach stehen.
Du wirst sehen, wie ich von selbst aufgehe,
wenn du mich in Ruhe lässt,
welche Kraft in mir steckt und sich zeigt,
wenn du …

Lass mich
doch nun bitte die Weile in Ruhe, ja?
Sonst fall ich zusammen.

Gleichnis vom Sauerteig

Außerdem sagte er:
Womit soll ich das Reich Gottes vergleichen?
Es gleicht einem Sauerteig, den eine Frau nahm
und unter drei Sea Mehl mengte,
bis das Ganze durchsäuert war.
Lukas 13, 20–21

Die Erde spricht:

Seit Jahrtausenden erkunden die Menschen, wie ich entstanden bin.
Explosionen, Urknall, Entwicklungen über Jahrmillionen – es bleibt ein Rätsel, wie ich geworden bin, weit vor jeder Kultur und Menschheit.
Die Menschen aller Völker haben dazu Geschichten erdichtet.
Sie gefallen mir, denn sie spiegeln das Staunen der Menschen, dass es mich gibt und dass die ganze Natur ohne mich nicht wäre, dass sie selbst nicht wären.

Ich bin nicht nur ich – ich lebe mit Sternen und Planeten im Universum zusammen. Ich lebe in einer umhüllenden Atmosphäre, die mein Leben mit Licht, Luft, Wasser ermöglicht, den Grundlagen allen Werdens.
Natürlich freue ich mich, wenn die Menschen unser Zusammenleben wahrnehmen und achten.
Früher benannten sie es als Himmel und Erde, die zusammengehören.
Ich mag diese Poesie; vor allem, wenn die Menschen erfreut merken, dass der Himmel auch in mir selbst lebt.
Viele Schätze sind tief in mir geborgen.
Und das Himmlischste ist wohl, dass ich fruchtbar

bin: Saat aufnehme, Pflanzen und Getreide hervorbringe, Bäume und Früchte, die für Tiere und Mensch wesentlich sind. Von selbst, von innen heraus bringe ich es hervor, lasse es wachsen.

Einmal wies er seine Freunde darauf hin, was es für ein Wunder sei, dass ich ein Korn in mir aufnehme und daraus ein Baum entsteht.
Ein Wesentliches in sich aufnehmen – und dann wirken lassen – aufkommen, reifen lassen.
Wie sehr freute ich mich, wenn er den Menschen so von mir erzählte.
Und natürlich haben mich immer die Frauen verstanden, wenn sie schwanger wurden und Leben in ihnen aufwuchs. Auch andere verstanden die Geschichte, wenn sie das Kreativ-Schöpferische in sich spürten.

Ein anderes Mal erzählte er von mir, dass ein Sämann Saat ausstreute und manches von mir aufgenommen wurde. Etliches fiel in die Dornen oder auf steinigen Grund. Ja, dachte ich, so bin ich. Ich kann nicht alles aufnehmen.

Mit seiner Erzählung wollte er bewirken, dass Menschen das Wort Gottes aufnehmen mögen – so wie es mein fruchtbarer Teil tut.

Gut so, dachte ich.
Wenn die Menschen bei aller Mühe achtsam mit mir umgehen, dann reicht dieser eine fruchtbare

Teil von mir zum Leben.
Und wenn Menschen nur wenige Worte Gottes in sich aufnehmen und diese reifen lassen – dann wird es genug sein und sie erfüllen.

So dachte ich, als er sprach.
Doch ich frage mich selbst und den Himmel:
Was ist mit seinen Worten geschehen, dass Menschen sie nun so deuten, als sollte es keine Dornen und Steine geben; als müsste nun immer mehr von mir fruchtbar gemacht werden?
Belastet haben sie mich, überdüngt, ausgebeutet.

Ich rufe und schreie. Doch sie hören nicht auf, mich ständig weiter zu beackern, lassen mich nicht ausruhen und mich erholen. Haben sie ihre Verbindung zu mir verloren, dass sie mich nicht hören?
Immer mehr bearbeiten und aus mir herausholen – Ertrag nennen sie mich, Produktvermehrung.
Kennen sie meinen Namen nicht mehr?

Was haben die Menschen auch sich selbst angetan, dass sie seine Worte so deuten, als müssten sie insgesamt gutes Land sein und werden
– ein Mensch ohne Dornen und Ecken –,
in allem immer besser und vollkommener?
Immer mehr in sich selbst aufnehmen und aus sich selbst herausholen – verlieren sie, wer sie sind?
Ich sehe, dass sie ebenso überlastet sind wie ich, ebenso überfordert. Ausgelaugt brennen sie aus.

Es reicht!, rufe ich.
Es ist genug für alle da, wenn ihr sorgsam mit mir zusammenlebt. Es ist genug, wenn ihr Menschen wahrnehmt, was *da* ist und welche Schätze und Worte in euch aufleben möchten.

Ich wünschte, er könnte die Geschichte von dem einen Korn heute noch einmal erzählen! Und noch einmal von mir erzählen, dass ich gut genug bin, wie ich bin. So auch die Menschen.
Was könnte geschehen!

Gleichnis vom Sämann

Ein Sämann ging aus, um zu säen.
Als er säte, fiel einiges auf den Weg und die Vögel kamen und fraßen es auf.
Wieder anderes fiel auf steinigen Grund, wo es nicht viel Erdreich hatte. Und es schoss rasch auf, weil es kein tiefes Erdreich fand. Als aber die Sonne aufging, wurde es versengt, und weil es keine Wurzel hatte, verdorrte es.
Anderes aber fiel unter die Dornen und die Dornen wuchsen auf und erstickten es.
Anderes schließlich fiel auf gutes Erdreich und brachte Frucht, teils hundertfach, teils sechzigfach, teils dreißigfach.
Wer Ohren hat, der höre!

Matthäus 13, 3–9

Jesus und seine Jüngerinnen und Jünger

Die Mitte spricht:

Sie stritten um die Wette, wessen Dienst ihm nun wichtiger sei.
Der eine sagte, dass er mit seiner Erfahrung die wesentliche Führungskraft sei.
Der andere meinte, dass ohne ihn und sein Wissen um Teamführung gar nichts gehe.
Und der nächste bemerkte, wenn, dann sei *er* wohl die Nummer eins, weil er dem Meister am nächsten sei und dessen Geist und Ausrichtung am besten kenne. »Und denkt nur, wenn er einmal nicht mehr ist –«
So hakelten sie umeinander herum,
ständig in Sorge, weniger wert zu sein als die anderen, weniger angesehen.
Es ist ja immer dasselbe Thema.

An einem Tag hörte er ihnen zu.
Und es war klar, sie wollten, dass er eine Rangordnung herstellen sollte, die seine Bewertung offenlegen würde.
Man war gespannt.

Er ordnete. Er tat es tatsächlich. Doch wie –
Ein Kind war in der Nähe.
Er rief es herbei und stellte es vor sie hin,
stellte sich selbst zu dem Kind und umarmte es.
»Hier ist eure Mitte«, sagte er und schaute alle der Reihe nach an.

Sie kamen näher. Und es war wunderlich.
Indem sie das Kind und ihn ansahen,
bewegten sie sich, verließen ihre Plätze
und stellten sich um die beiden.

Da lebte ich auf, die Mitte,
und sah, wie sie sich freuten: er und das Kind.

Rangstreit der Jünger

Als er im Haus angelangt war, fragte er sie:
Worüber habt ihr unterwegs gesprochen?
Sie schwiegen; sie hatten nämlich unterwegs darüber gestritten, wer von ihnen der Größte sei.
Da setzte er sich, rief die Zwölf zu sich und sagte zu ihnen:
Wer der Erste sein will, muss der Letzte von allen und der Diener aller sein.
Und er nahm ein Kind, stellte es mitten unter sie,
umarmte es und sagte zu ihnen:
Wer ein solches Kind in meinem Namen aufnimmt,
der nimmt mich auf; und wer mich aufnimmt, der nimmt nicht mich auf, sondern den, der mich gesandt hat.
Markus 9, 33–37

Der Jünger spricht:

Einmal kamen wir alle bei ihm zusammen und konnten gar nicht aufhören, von dem zu erzählen, was wir erlebt hatten. Lange waren wir unterwegs gewesen, hatten viel gearbeitet. Wir brauchten es schlichtweg, davon zu erzählen.

Mitten hinein sagte er, wir sollten nun gemeinsam an einen einsamen Ort fahren und uns ausruhen. Na ja, wir hätten gern noch weiter gesprochen und sehr gern seine Meinung zu unserem Wirken gehört.
Doch er hatte recht – wir waren erschöpft.
Es war gut, das Erlebte sacken zu lassen und von allem auszuruhen.

Als wir auf ruhiger Fahrt über den See waren, strömten Menschenmengen am anderen Ufer zusammen und warteten auf ihn, wollten ihn hören.
So fuhren wir hin. Er stieg aus und sprach zu den Menschen.

Eine Weile waren wir unwirsch. Wollten wir nicht alle miteinander ausruhen? Doch dann hörte ich ihn sprechen und merkte, wie seine Worte auch mir guttaten.
Hören, Aufnehmen, Wirkenlassen.

Er sieht, was fehlt, dachte ich.
Er sieht den Hunger der Menschen; auch meinen.

Es wurde Abend. Ich sah ans Ufer und stellte fest,
dass dort Tausende saßen und hörten.
Sie werden Essen brauchen, dachte ich.
Hat er dieses Mal keinen Blick für die andere Seite?
Sieht er nicht, dass es auch Bauch-Hunger gibt?

Wir stiegen aus, gingen zu ihm hin und sagten, dass
er die Menschen in die Dörfer schicken solle, damit
sie sich zu essen kaufen könnten.

Da wandte er sich an uns: »Gebt ihr ihnen zu
essen!«
Wie bitte? Wir sollten doch ausruhen dürfen –
und zudem hatten wir doch keinesfalls Brot für
Tausende.
»Seht nach, was da ist«, sagte er.
Mehr oder weniger willig taten wir es und kamen
mit fünf Broten und zwei Fischen zurück.
»Das reicht doch nie für den Hunger der
Menschen«, sagte ich.

Doch er ging darauf nicht ein.
Er nahm, was wir gebracht hatten, blickte zum
Himmel auf und sprach ein Dankgebet.

Wir waren still.

Als er uns Brot und Fisch, die wir gebracht hatten,
wieder in die Hände legte,

war es anders: das Wenige war kostbar;
und wir waren anders als vordem: Wir empfingen.

Achtend nahmen wir es an und brachten es den Menschen. Dankend nahmen sie es auf, gaben weiter und weiter …

Und mir dämmerte:
Wir hatten nur gesehen, was fehlte.
Er hieß uns wahrnehmen, was *da* ist –
die andere Seite – und über allem zu danken;
ja, die Fülle im Dankgebet aufzunehmen und sie den Menschen zu geben. Annehmen, danken, weitergeben …

Er schenkte uns, was *uns* gefehlt hatte – sicherlich mir.

Speisung der Fünftausend

So fuhren sie mit einem Boot an einen einsamen Ort, um allein zu sein.
Aber man sah sie abfahren und viele merkten es und liefen zu Fuß aus allen Städten dorthin zusammen und kamen noch vor ihnen an.
Als er ausstieg, sah er eine große Volksmenge und wurde von Mitleid mit ihnen ergriffen, denn sie waren wie Schafe, die keinen Hirten haben. Und er begann sie vieles zu lehren.

Als es schon spät geworden war, kamen seine Jünger zu ihm und sagten: Die Gegend ist einsam, und es ist schon spät. Entlass sie, damit sie in die umliegenden Höfe und Dörfer gehen und sich etwas zu essen kaufen.
Doch er antwortete ihnen: Gebt ihr ihnen zu essen!
Da sagten sie zu ihm: Sollen wir gehen und für zweihundert Denare Brot kaufen und ihnen zu essen geben?
Er sagte zu ihnen: Wie viele Brote habt ihr? Geht, seht nach!

Als sie nachgesehen hatten, sagten sie: Fünf und zwei Fische.
…

Da nahm er die fünf Brote und die zwei Fische, blickte zum Himmel auf, sprach das Segensgebet, brach die Brote und gab sie den Jüngern, damit sie sie ihnen vorlegten; auch die zwei Fische teilte er an alle aus. Und alle aßen und wurden satt.
Markus 6, 32–42

Die Schwester spricht:

Ich verstehe, dass die Familie aufgebracht ist. Klar verstehe ich das.
Erst war ich es auch.
Und das kam so.
An einem Tag besuchten wir ihn und freuten uns sehr darauf, ihn endlich einmal wiederzusehen.
Mein Gott, er ist ständig unterwegs, reist hierhin, dorthin.
Wann bekommen wir ihn einmal selbst zu Gesicht?, fragten wir uns und beschlossen, ihn von uns aus aufzusuchen.

Viele Menschen waren dort und hörten ihm zu.
Ich mochte seine Rede und wie er davon sprach, dass wir das Salz der Erde seien. »Keck wie immer«, dachte ich und winkte ihm zu.
Doch er sah mich nicht, auch die anderen unserer Familie sah er nicht
vor lauter Menschen.
Da schickten wir einen seiner Freunde zu ihm, um ihm zu sagen,
dass seine Familie da sei.
Und dann kam's.
Laut sprach er in die Menge hinein:
»Wer ist meine Mutter, wer meine Geschwister?
Alle, die das Wort Gottes hören und tun, sind meine Mutter, meine Schwestern, meine Brüder.«

Die Familie war schockiert.
Ich stutzte selbst.
Doch dann änderte sich mein Sinn.
Ich sah ihn an und die vielen Menschen – und
fühlte mich plötzlich leicht, ja, erleichtert, befreit.
»In eine große Menschenfamilie gehöre ich – in ein
weites Zuhause!«,
dachte ich
und mischte mich lachend in die Menge ein.

Die wahren Verwandten Jesu

Da kamen seine Mutter und seine Brüder,
blieben draußen stehen und ließen ihn rufen.
Das Volk saß um ihn herum, als man ihm sagte:
Deine Mutter und deine Brüder und deine Schwestern sind draußen und suchen dich.
Da antwortete er ihnen:
Wer ist meine Mutter und wer sind meine Brüder?
Und indem er auf die um ihn Sitzenden blickte, sagte er:
Das sind meine Mutter und meine Brüder.
Wer den Willen Gottes tut, der ist mir Bruder und Schwester und Mutter.

Markus 3, 31–35

Die Füße sprechen:

O wie wunderbar, sich zu lagern, nichts tun,
einfach nur da sein, ausruhen!
Das war'n ja wieder Wege, die wir beschritten haben.
Herrschaft, kein Wunder, dass wir brennen.
Doch nun: hochlagern, ausstrecken.

Heute geschieht etwas Besonderes mit uns.
Nicht zu fassen: Wir werden behandelt.
Normalerweise behandeln die Jünger.
Heute aber kommen wir selbst in den Genuss.
Er ist wirklich einer! Unsere Sohlen laben sich am
Wasser und an der Salbe.
Alle Nerven des Körpers, die in uns ihr gutes Ende
finden, werden mit belebt, atmen auf, spüren die
weichen, gebenden Hände. Welche Hände!

Und das wollten sich unsere Genossen entgehen
lassen. Ja, sie weigerten sich, als der Meister kam
und ihnen sagte, er wolle uns waschen.
»Die Dienenden sind nicht vor dem Meister.«
Doch er bestand darauf und nun –
welche Wonne strömt uns zu und durch uns hinauf
in den ganzen Körper,
wie er uns berührt, streicht, durcharbeitet.

Gott sei Dank haben sich die Genossen nicht lang
geweigert.
Wir jedenfalls sind die Genießenden der Genossen.

Da plötzlich sagt einer:
»Er will uns sicherlich zeigen, dass unser Wirken Hand und Fuß haben soll!«

»Mein Gott, muss er nun quatschen«, durchzuckt es uns, »und möglicherweise noch die schöne Behandlung verfrüht abbrechen.«
»Kannste nicht schweigen und einfach nur aufnehmen und genießen«, zucken wir zurück.
»Und wenn du schon reden musst: Warum sagst du nicht einfach: danke – verstehe:
Wir brauchen doch den allerbesten Kontakt zum Weg!«

Jesus, der Weg zum Vater

Jesus sagte zu ihm:
Ich bin der Weg und die Wahrheit und das Leben.
Johannes 14, 6

Die Fußwaschung

Als er zu Simon Petrus kam, sagte der zu ihm:
Herr, du willst mir die Füße waschen?
Jesus antwortete ihm: Was ich tue, verstehst du jetzt nicht; aber später wirst du es begreifen.
Petrus entgegnete ihm: Niemals sollst du mir die Füße waschen!
Jesus antwortete ihm: Wenn ich dich nicht wasche, hast du keinen Anteil an mir.
Da sagte Simon Petrus zu ihm: Herr, nicht nur meine Füße, sondern auch die Hände und den Kopf!
Jesus sagte zu ihm: Wer gebadet ist, hat nicht nötig, sich zu waschen, sondern ist ganz rein und braucht sich nur noch die Füße zu waschen. Auch ihr seid rein; aber nicht alle.
Denn er kannte seinen Verräter. Deshalb sagte er: Ihr seid nicht alle rein.

Als er ihnen die Füße gewaschen, seine Oberkleider angelegt und sich wieder zu Tisch gelegt hatte, sagte er zu ihnen:
Versteht ihr, was ich an euch getan habe?
Ihr sagt zu mir Meister und Herr, und mit Recht tut ihr das; denn ich bin es.
Wenn nun ich, der Herr und Meister, euch die Füße gewaschen habe, müsst auch ihr einander die Füße waschen.
Denn ich habe euch ein Beispiel gegeben, damit auch ihr tut, wie ich an euch getan habe.

Johannes 13, 6–15

Kraftquellen Jesu

Das Schiff spricht:

Wie gut, dass du dich in mir ausruhen kannst
und in deinem Schlaf liegst –
ganz in dir, deinen tiefen Träumen gegeben.

Atme in ihnen,
erhol dich in ihren Weisungen,
bleib beschützt in mir – ich berge dich.

Draußen tobt der Wind.
Schlaf weiter.
Ja, er ist wild geworden. Die Wellen steigen.

Deine Genossen rudern und schuften gegen den
Sturm an.
Sie brüllen, sie schreien.
Es stimmt: Sie sind in Lebensgefahr, sie, wir.
Ich schwanke bedroht, das Wasser läuft ein.

Und du schläfst,
immer noch ruhst du in mir,
bist in deinem Frieden geborgen,
dem tiefen Grund deiner Träume.
Ruh, bleib in dir.

Gleich werden dich deine Männer aufwecken.
Sie können nicht verstehen, dass du im Sturm
schläfst.
Sie wissen nicht um die Kräfte in deinem Ruhen.
»Wie kannst du nur schlafen, wo wir

untergehen?«, werden sie brüllen.
Gleich werden sie dich aufwecken.

Und du wirst aufwachen und aufstehen
und deine tiefe Ruhe
über alle und alles ausbreiten
mit klarem, eindeutigem Ruf!

Hörst du die Windstille kommen?

Stillung des Seesturms

Am Abend dieses Tages sagte er zu ihnen:
Wir wollen an das andere Ufer hinüberfahren.
Sie entließen das Volk und nahmen ihn, wie er war, im Boot mit. Auch andere Boote begleiteten ihn.

Da erhob sich ein gewaltiger Sturm und die Wogen schlugen ins Boot, sodass das Boot sich schon füllte.
Er aber schlief im Heck des Bootes auf dem Kissen.

Da weckten sie ihn und sagten zu ihm:
Meister, liegt dir nichts daran, dass wir zugrunde gehen?

Da stand er auf, schalt den Wind an und sagte zur See:
Schweig, sei still!
Da legte sich der Wind und es trat große Stille ein.
Markus 4, 35–39

Das Gewand spricht:

Gern bin ich um ihn.
Mein Stoff ist wertvoll und ich bin mehr als das:
Ich bin kostbar, da ich sein Wesen aufnehme, seine Kraft, seine Reden, seine Gedanken. Sein Wirken erinnert sich in mir, lebt in mir weiter.

Ich bin ihm gut, denn ich schütze ihn vor Kälte oder Hitze
und vor der Unmittelbarkeit der vielen Menschen.
Ich gebe ihm Raum und halte ihn in seinem Lebensraum,
umhülle ihn, lebe mit ihm im Rhythmus seines Atems.

Es war wieder einer dieser Tage, wo ihn eine Menge Menschen umgaben,
und er kaum Luft bekam vor lauter Umringtsein,
kaum dass ich ihn schützen konnte vor dem Gedränge,
da zog jemand heftig an mir.
Ich spürte es sofort, denn Kräfte zogen aus mir heraus,
flossen aus …
Und er spürte es,
drehte sich um:
»Wer hat mich angerührt?«

Da zeigte sie sich, fiel auf die Knie und sagte:
»Mein nicht endender Blutfluss hat aufgehört.
Ich habe mir die Kraft aus deinem Gewand
geholt.«

Da zog er mich fest an sich
und sagte zu der Frau:
»Meine Tochter …«

Heilung einer blutflüssigen Frau

Da war eine Frau, die seit zwölf Jahren an Blutungen litt und von vielen Ärzten viel ausgestanden und ihr ganzes Vermögen darauf verwendet hatte, ohne dass es etwas genützt hätte; es war vielmehr immer schlimmer mit ihr geworden.
Sie hatte von Jesus gehört und trat nun unter der Menge von hinten hinzu und berührte sein Gewand.
Denn sie dachte: Wenn ich auch nur seine Kleider berühre, werde ich geheilt.

Sofort versiegte die Quelle ihres Blutes und sie spürte, dass sie von ihrem Leiden geheilt war. Im selben Augenblick fühlte Jesus, dass eine Kraft von ihm ausgegangen war, und er wandte sich in der Volksmenge um und sagte:
Wer hat meine Kleider berührt?
Seine Jünger antworteten ihm: Du siehst doch, wie das Volk dich umdrängt, und da fragst du: Wer hat mich berührt?
Er aber blickte ringsumher, um zu sehen, wer es getan hatte.
Da kam die Frau zitternd vor Furcht heran, weil sie wusste, was ihr geschehen war, fiel vor ihm nieder und sagte ihm die ganze Wahrheit.
Er aber sagte zu ihr:
Tochter, dein Glaube hat dir Heilung gebracht.
Geh hin in Frieden und sei geheilt von deinem Leiden!
Markus 5, 21.25–34

Worte sprechen:

Wir sind in dir. Wir sind viele. Oftmals sprichst du uns nicht aus,
schweigst uns, denkst uns, erwägst uns.
Wenn du uns sammelst und aussprichst, sind wir starke Wirkung.
Die Menschen wundern sich manchmal, woher du uns hast und wie es kommt, dass wir kraftvoll sind und zuweilen sogar vollmächtig.
Manchmal wundern wir uns selbst, was wir bewirken,
und spüren nur das Strömen, das durch uns hindurchfährt:
Klar auf den Punkt ausgerichtet, zielend, gebietend oder zart tröstend, sammelnd, ermutigend –
erleben wir, wie du der Quelle verbunden bist, die im Anfang der Schöpfung mit einem Einzigen von uns Licht in die Welt brachte.

»Sprich nur ein Wort –«

Einmal kam einer, der dich bat, seinen Knecht zu heilen.
Du wolltest zu ihm gehen.
Da sagte der: »Sprich nur ein Wort, so wird er gesund.«
Und es war so.

Und du wundertest dich, dass einer aus einem fremden Land
davon wusste, was mit uns und einem Einzigen von uns geschehen kann.

Prolog

Im Anfang war das Wort,
und das Wort war bei Gott,
und Gott war das Wort.
Es war im Anfang bei Gott.
Alles ist durch es geworden,
und ohne es ist nichts geworden, was geworden ist.
In ihm war das Leben, und das Leben war das Licht der Menschen.

Johannes 1, 1–4

Der Hauptmann von Kafarnaum

Als er nach Kafarnaum kam, trat ein Hauptmann an ihn heran mit der Bitte:
Herr, mein Knecht liegt gelähmt zu Hause und leidet große Qual.
Er sprach zu ihm: Soll ich etwa kommen und ihn heilen?
Da antwortete der Hauptmann: Herr, ich bin nicht wert, dass du unter mein Dach trittst. Aber sprich nur ein Wort, so ist mein Knecht geheilt. Denn auch ich bin ein Mann, der unter Befehlsgewalt steht, und habe Soldaten unter mir. Sage ich nun zu einem: Geh!, so geht er, und zu einem andern: Komm!, so kommt er, und zu meinem Knecht: Tu das!, so tut er es.

Als Jesus das hörte, staunte er und sprach zu denen, die ihm folgten:
Amen, ich sage euch: Bei niemand in Israel habe ich solchen Glauben gefunden!
...
Und Jesus sagte zum Hauptmann:
Geh, dir soll geschehen, wie du geglaubt hast.
Und in derselben Stunde war der Knecht geheilt.
Matthäus 8, 5–10.13

Der Wille spricht:

Ich wirke in allem Leben.
Im Leben der Menschen bin ich eine stark antreibende Kraft, die der Mensch wachsend als seine Freiheit entdecken kann, als Stärke seiner Persönlichkeit, Begabung und Wahl.
Was willst du?
Es ist gut, wenn die Menschen mich kennenlernen und prüfen, denn ich bin eine entscheidende Kraft für ihre Lebensausrichtung und ihr Handeln.
»Des Menschen Wille ist sein Himmelreich«, sagen manche.
Schon gut, doch diesen Satz maße ich mir nicht an.

Wenn, dann trifft dieser Satz auf ihn zu.
Meine Kraft war in ihm eine mächtige, denn ich war nie die alleinige in ihm.
Er war einem umfassenden Willen angeschlossen, den er den Willen Gottes nannte.
»Dein Wille geschehe«, betete er in vielen Situationen und bat, dieses möge sein Denken und Handeln bestimmen.

»Was willst du?«
Wenn er einem Menschen helfen wollte, brauchte er dessen Entscheidung.
Er breitete nicht seine Vollmacht über ihn aus.
Er brauchte, dass der Mensch ihm innerlich entgegenkam.

»Willst du gesund werden?«
»Was willst du, dass ich dir tue?«, fragte er, als ob er nur dann zum Aufrichten bewegen könnte, wenn meine Kraft im Menschen wirkte und dessen Wunsch nach Heilung aufweckte. Wenn dieser Wunsch wach war, zog ich mich zurück, ich, der Wille, denn nun lebte der Mensch Begegnung mit ihm und es war der Glaube des Menschen, der sich zur wesentlichen Kraft entfaltete.

Er lehrte die Menschen, in allem auf ihr Herz zu hören, das sich als innere Stimme der Kraft und dem Geist Gottes öffnen kann.
Wenn die Menschen mich, den Willen, in ihr Herz nahmen, spürte ich,
wie ich weit wurde, besonnen, ausgestreckt, hingegeben über mich hinaus – beweglich und offen.

»Liebe und dann tue, was du willst« – so wird es jemand einmal sagen.
Es ist die Liebe, die meine Kraft beschenkend verwandelt.

Das Gebet Jesu

Euer Vater weiß ja, was ihr braucht, noch bevor ihr ihn bittet.
So sollt ihr beten:
Unser Vater im Himmel,
geheiligt werde dein Name,
dein Reich komme,
dein Wille geschehe
wie im Himmel, so auch auf Erden.
Das Brot, das wir brauchen, gib uns heute,
und erlass uns unsere Schuld,
wie auch wir sie unsern Schuldnern erlassen haben.
Und führe uns nicht in Versuchung,
sondern erlöse uns von dem Bösen.
Matthäus 6, 8–13

Vollmacht des Sohnes

… denn ich suche nicht meinen Willen,
sondern den Willen dessen, der mich gesandt hat.
Johannes 5, 30

Das Licht spricht:

Von Anbeginn der Schöpfung wirke ich in allem Leben. Umfassend lebe ich in Tag wie Nacht. Alle Zellen belebe ich. In allen leuchte ich auf und bin dem Ursprung verbunden.

Die Menschen brauchen mich sehr. Wenn ich für sie lang verborgen bin, vermissen sie mich und sehnen sich nach einer Zeit, wo ich sie neu beschenke.

Immer jedoch leuchte ich in ihnen selbst, in ihrem Körper und in ihrer Seele.
Die Menschen wissen es, wenn eine Begebenheit sie zum Leuchten bringt, wenn sie Freude am Leben merken, an ihrer Begabung und der Schönheit der Erde.
Sie spüren die Kraft meiner Ausstrahlung, wenn sie einander begegnen und erleben, wie sie diese weiter entfachen können, wenn sie sich füreinander öffnen.

»Ihr seid das Licht der Welt«, sagte er einmal zu den Menschen und ermutigte alle, mich wirken zu lassen und mich nicht unter den Scheffel zu stellen und zu verbergen.
Vor allem denen, die Angst vor meiner Kraft haben, sprach er zu, mich aufleuchten und in die Welt strahlen zu lassen.

Ich finde es merkwürdig, dass etlichen Menschen diese Aussage immer wieder als zu gewichtig und zu groß erscheint.

Vielleicht verstehen mich am ehesten die Kinder, wenn er sagt, dass alle Menschen Kinder des Lichtes seien.

»Ich geh mit meiner Laterne und meine Laterne mit mir.
Da oben leuchten die Sterne
und unten leuchten wir.«

So singen die Kinder in dunkler Jahreszeit, und ich freue mich mit ihnen mit.

Selbstzeugnis Jesu

Ich bin das Licht der Welt.
Wer mir folgt, wird gewiss nicht in der Finsternis umhergehen,
sondern das Licht des Lebens haben.

Johannes 8, 12

Der Zorn spricht:

Ich entstehe, wenn ein Mensch mit einer Situation unzufrieden oder – besser gesagt – absolut nicht einverstanden ist.
Davon können Eltern ein Lied singen, wenn ich mich in ihren Kindern melde.
Und es ist wichtig, dass ich mich ausdrücken kann und gehört werde, vielleicht sogar verstanden.
Auch in Erwachsenen komme ich kraftvoll auf, wenn ihnen ihr Standpunkt wichtig ist und sie diesen bei aller Widrigkeit keinesfalls aufgeben wollen.
Ich bin eine zielgerichtet fordernde Kraft, die ins Handeln wirken will.

Auch in ihm, dem Neuen, zeigte sich meine Stärke.
Manche meinten und denken bis heute, in ihm sei ich sehr selten wirksam gewesen.
Sie meinen, er sei wesentlich mit beständiger, freundlich ausgleichender, eher sanft ruhig geduldiger Gesinnung erfüllt gewesen.
Das war nicht der Fall.
Immer wieder brauchte er mich als Kraft, die ihn in seinen Zielen stärkte.
Sicher, ich war in ihm nie die alleinige Stärke, doch wirkmächtig in seinem Widerstehen und Aufbrechen.

Deutlich erinnere ich, wie er einmal mit mir zusammen alle Verkäufer und Käufer aus dem Tempel heraustrieb und die Tische der Geldwechsler umstieß.
»Dieses Haus ist ein Bethaus und nicht eine Räuberhöhle« – so fuhr er sie an.

Mächtig war ich auch in einer Situation, als er ein Mädchen neu in ihr Leben hineinholen wollte und die Menschen dort meinten, sie sei doch tot, und ihn verlachten.
Mit aller Deutlichkeit und Entschiedenheit trieb er die Weinenden und Klagenden hinaus, um in seiner Leben schaffenden Kraft zu bleiben.

Auch in anderen Situationen brauchte er mich, wenn Menschen sein Handeln verhindernd infrage stellen wollten. Dann fuhr ich in sein Gesicht und brannte in seinen Augen, wenn er ringsumher sah und damit einen Bannkreis errichtete, in dem er dann handeln und heilen konnte.

Menschen, die die entstandene Verwandlung miterlebten, waren beglückt, betroffen und priesen Gott.
Andere waren an diesen Handlungen entsetzt.
Oftmals ahnte ich schon, dass ich in ihnen entflammen würde, wenn der Neue eine Situation bahnbrechend veränderte und dabei herrschende Ordnungen aufbrach.

Mein Aufkommen stand für Spaltung.

Es war gut, dass die Empörten mich aussprechen konnten, wenn sie mich in sich brennen spürten. Es war gut, wenn sie murrten und ihre Position darstellten und einforderten. Wenn sie mich nicht ausdrückten, wurde meine Kraft zu einer Macht, die sich in ihnen selbst zusammenballte und zuweilen in blinde Wut überging.

»Ein Feuer bringe ich auf die Erde« – so hörte ich ihn einmal sprechen und fing ehrlich gesagt an, auch mitzubeben.

Gewiss: Ich zog mich immer wieder zurück; vor allem an seiner oft entstehenden Trauer oder tief nachdenklichen Stille nach einer Veränderung.

Ich denke: Letztlich wollte er nicht, dass ich durch sein Wirken bei anderen so stark ausgelöst würde – erst recht nicht als Machtkampf.
Und doch –

Die Tempelreinigung

Jesus ging in den Tempel und trieb alle, die im Tempel verkauften und kauften, hinaus, stieß die Tische der Geldwechsler und die Sitze der Taubenverkäufer um und sagte zu ihnen:
Es steht geschrieben: Mein Haus soll ein Haus des Gebetes genannt werden.
Ihr aber macht es zu einer Räuberhöhle.
Matthäus 21, 12–13

Bereitschaft zum Kampf

Ich bin gekommen, Feuer auf die Erde zu werfen, und wie wünschte ich, dass es schon entfacht wäre! ... Meint ihr, ich sei gekommen, um Frieden auf die Erde zu bringen? Nein, sage ich euch, sondern Entzweiung.
Lukas 12, 49.51

Brot, Wein und Lebensdurst

Die Körner sprechen:

Wir nähren Tiere und Menschen.
Die Tiere essen uns, wie wir sind, die Menschen manchmal auch.
Zumeist aber verarbeiten sie uns zu Mehl, Teig und Brot.
Da müssen wir ganz schön viel durchmachen!

Gut, das meiste tut die Erde, wenn wir als Saat in sie hineingegeben werden.
Sie nährt uns, bis wir in ihr aufgehen und zum Licht hin wachsen. Erde, Wasser, Wärme und Licht lassen uns in den Halmen reifen. Sie werden geschnitten,
und wir werden herausgedroschen, geworfelt, weiter zu Mehl und Teig verarbeitet, geformt und im Feuer zu Brot gebacken.
Die Menschen brauchen uns. Brot ist ihnen wesentliche Nahrung.
Viele wissen um diese Kostbarkeit.

Sicherlich er.
Einmal bekamen wir mit, wie er das Brot vor dem Brechen dankend berührte und segnete – und darin uns.

Er sprach davon, dass er selbst Brot sei, Brot des Lebens.
Erst meinten wir, dass er das wohl symbolisch

meine. Doch im weiteren Bedenken fanden wir,
dass er das wohl ganz real war und ist:
In die Erde gegeben, am Licht gewachsen, gereift,
lernte er wie im Dreschen und Worfeln die Geister
zu unterscheiden; gab sich ein wie wir – mengte
sich unter, mischte sich ein wie im Teigbereiten;
und ließ es zu, durch das Feuer zu gehen, um Brot
zu werden.

Brot des Lebens.
Wenn wir von seinem Wirken hören, denken wir:
Er bricht Leben auf wie Brot –
und sich selbst, um anderen, vielen anderen von
sich zu geben.

Ist es nicht erstaunlich, dass er dabei nicht weniger
wird, wenn er sich in Begegnungen austeilt und
Gemeinschaft eingeht,
in der sein Geist aufgeht?

»Brot des Lebens«, sagen die Menschen
zueinander,
wenn sie sich vom Brot weitergeben.
Sie sehnen sich danach, dass alle davon nehmen
können, und glauben, dass es möglich sein wird,
wenn sie einander und vielen anderen geben und
sich selbst eingeben.

Sich selbst eingeben –
das finden wir gut.

Wenn sie das tun
und sich für eine gute Sache eingeben, ein Werden
und ihre Verwandlung dort hinein bejahen –
dann sind sie wie wir, die Körner.
Und wie er.

Da könnte doch immer weitergehendes, gutes,
neues Werden entstehen.
Wie Brot.

Brot des Lebens

Jesus antwortete ihnen:
Ich bin das Brot des Lebens.
Wer zu mir kommt, wird nie mehr hungern,
und wer an mich glaubt, wird nie mehr Durst haben.

Ich bin das Brot des Lebens.
Eure Väter haben in der Wüste das Manna gegessen und sind gestorben.
Brot, das vom Himmel herabkommt, ist das, nach dessen Genuss man nicht mehr stirbt.
Ich bin das lebendige Brot,
das vom Himmel herabgekommen ist.
Wer von diesem Brot isst, wird in Ewigkeit leben.
Johannes 6, 35.48–51

Die Reben sprechen:

Wir leben mit vielen anderen in einem
wunderbaren Weingarten.
Vom Weinstock bekommen wir Kraft und Saft.
Und der Weinstock bekommt sie von der Erde,
dem Wasser und dem Licht. Zudem vom
Weingärtner, der ihn gut pflegt.
In der Wärme reifen wir alle heran, werden
wunderschön prall für die Ernte.
Dann pflücken uns viele helfende Hände und
tragen uns dorthin, wo wir gepresst werden.
Unsere Säfte strömen heraus und vermengen sich
mit all den anderen des Weingartens.

Eine unserer Reben war einmal mit dem Ganzen
nicht einverstanden.
Erst meinte sie, ihr Platz sei nicht gut; sie würde
nicht wie die anderen
genügend Licht bekommen, nicht ausreichend
Kraft vom Weinstock.

Sie murrte beständig. Und doch reifte auch sie
heran, das war doch klar.
Doch als sie rund und saftig zwischen uns hing
und es gerade an der Zeit war, dass sie mit uns
geerntet werden würde, da verweigerte sie sich.
Sie wollte auf keinen Fall ihre schöne Hülle beim
Pressen verlieren und vielleicht sogar Schmerzen in
diesem Vorgang erleiden. Ebenso wollte sie nicht

mit uns allen zusammenfließen, sondern in ihrem
eigenen Saft weiterleben.
Schade, wir hatten uns schon auf unsere
gemeinsame Verwandlung gefreut –
und auf die Menschen, die uns kosten würden,
gar den Weingärtner selbst.
Doch sie –
Sie blieb am Weinstock, versteckte sich und
schrumpelte – leider.
Na ja, vielleicht wird sie eines Tages eine Rosine
werden.

Der wahre Weinstock

Ich bin der wahre Weinstock und mein Vater ist der Winzer. Jede Rebe an mir, die keine Frucht bringt, entfernt er, und jede, die Frucht bringt, reinigt er, damit sie noch mehr Frucht bringt.

Ihr seid schon rein durch das Wort, das ich zu euch gesagt habe. Bleibt in mir, dann bleibe ich in euch.
Johannes 15, 1–4

Der Brunnen spricht:

Uralt bin ich, uralt auf der Quelle gebaut, die in meiner Tiefe lebt.
Aus vielen Steinen bin ich gut und fest aufgebaut, gebe dem Wasser Raum und der Quelle.
Fließendes braucht das Feste; Festes das Fließende.
So lebe ich seit Langem.

Wie viele Menschen sind dürstend zu mir gekommen!
Zahlreiche Geschichten konnte ich hier erleben, wenn sie sich trafen, Wasser schöpften, einander zu trinken gaben und sich voneinander erzählten.
Oft dachte ich: Es zieht sie schlichtweg zueinander hin, denn auch das ist ihr Durst: die anderen zu hören, von sich selbst zu sprechen, ihr Leben auszutauschen.
Lebendig werden sie wie im Wassertrinken, wenn sie von sich geben, die anderen wahrnehmen und Begegnung entsteht.
Wer weiß, vielleicht erleben sie hier an diesem Ort ihren Durst nach lebendiger Gemeinschaft in besonderer Weise.
Manche begegneten sich so, dass sie den Durst nach Liebe in ihren Augen erkannten. Wenn ich diese Geschichten erzählen würde …

Doch die Begegnung, die ich heute zwischen zwei Menschen erlebte, die ist schon sehr besonders und aufregend. So aufregend, dass ich immer noch um meine Fassung ringe.

Anfangs schien die Begegnung nicht ungewöhnlich zu sein.
Ein von der Reise müder Mann saß bei mir und begegnete einer Frau, die aus der Stadt kam.
Er hatte kein Schöpfgefäß bei sich und kam nicht ans Wasser. So bat er die Frau, ihm zu trinken zu geben, denn sie hatte ein Gefäß.

Doch plötzlich standen sie erschrocken voreinander.
Und ich sah: Das geht nicht gut!
Er ist ein Jude, sie eine Samariterin.
Die Kulturen und Religionen sind sich nicht wohlgesonnen; sie dürfen nicht miteinander verkehren. Zudem ein Mann und eine Frau …
Die Luft schien zu stocken.

Da unterbrach der Mann die erschreckende Situation und sagte der Frau,
was *er* ihr geben könne:
lebendiges Wasser, das in ihr selbst zu einer Quelle werde, die ins Ewige sprudelt.

Wer ist denn das, fragte ich mich?
Mit welcher Macht wagt er sich derart vor?

Ich war nicht allein mit meiner inneren Frage.
Die Frau stellte sie selbst.

Sie stellte ihn zur Rede, war wach, fordernd und sichtlich neugierig, wer er sei.

Es war eigen, was sich nun zwischen ihnen ereignete im Fragen und Reden, im Wissenwollen und Hören.
Erst war es so, als prüften sie, ob sie sich wohl das Wasser reichen könnten.
Doch dann öffneten sie sich immer mehr dafür, was ihnen in ihrer Begegnung geschah.
Es war zur Mittagsstunde, wo sich das Licht im Wasser spiegelt. So konnte ich die beiden nicht sehen. Doch ich bekam mit, dass ihnen Besonderes geschah und im Raum zwischen ihnen auflebte.
Vielleicht ähnlich dem Spiegel des Lichts im Wasser war es, als würde eine Ahnung der Quelle zu ihnen strömen, als sie von Beziehungen zwischen Frauen und Männern sprachen und dann von der Beziehung zur Einen Quelle selbst, zu Gott.

Ich war still, als ich dieses merkte, auch das Wasser in mir war völlig ruhig.
Es war, als würden wir alle miteinander lauschen, was hier geschah –
besonders, als die Frau nach dem wahren Gebet fragte und dem Ort für das wahre Gebet.

Da sagte er:
»Nicht auf den Bergen wie bei euch – nicht in

Jerusalem wie bei uns.
Hier Jetzt geschieht wahres Beten.
Und es kommt die Zeit, wo dies erkannt wird.
Gott ist Geist und die ihn anbeten, müssen im
Geist und in der Wahrheit sein.
Wie wir hier – wo wir selbst wie ein Brunnen sind,
in dem die Quelle auflebt.
Und wie hier – wo du in dir selbst ein Brunnen
bist, in dem sich Gottes Geist
in deiner Quelle spiegelt.«

Ich erschrak.
Mein Gott, dachte ich, was ist das hier für eine
Offenheit; was geschieht hier?
Was sagt er da?
Er entsagt den festen Orten für das Gebet,
denen auf den Bergen, dem in Jerusalem!
Das Feste wird doch für das Fließende gebraucht!
Wer ist er, dass er so spricht –
wer ist sie, dass sie die Worte trinkt?

Hier, Jetzt, Ort-frei, Zeit-frei -
durch alle Verschiedenheiten hindurch
ein Wir als Brunnen –
Wer ist dem gewachsen?

Den beiden ist es möglich.
Doch wird die Zeit kommen, wie er sagt,
wo dieses Geschehen auch anderen möglich sein
wird, vielen?

Wird es denn möglich sein, dass Menschen durch
alle unterschiedlichen
Kulturen und Religionen hindurch
in sich selbst so gut aufgebaut sind,
dass sie gemeinsam einen Brunnen bilden können
und sich dem Fließenden zwischen ihnen öffnen,
dem Umfassenden, das geschieht
und das in jeder und jedem die eigene innere
Quelle aufweckt?

Ich fasse es nicht. Das ist doch Utopie!

Erschüttert hörte ich das aufgeregte Wasser in mir.
Ja, das Wasser, das Wasser!, dachte ich.
Vielleicht können sich die Menschen aller Kulturen
und Religionen zunächst und vor allem dem alle
miteinander verbindenden Durst nach Wasser
hinwenden; dem Geschenk des Wassers selbst.
Und einander schöpfen, geben
und inmitten des Schöpfens und Gebens
Gottes Geist wahrnehmen!
Wäre das nicht ein Weg?
Immer noch frage ich mich, ob die beiden mich
hörten. Sicherlich sie,
denn sie nahm ihr Gefäß und gab ihm zu trinken.

Jesus und die Samariterin

So kam er zu einer Stadt in Samarien namens Sychar in der Nähe des Grundstücks, das Jakob seinem Sohn Josef geschenkt hatte.
Dort war der Jakobsbrunnen.
Jesus, müde von der Wanderung, ließ sich am Brunnen nieder.
Es war ungefähr die sechste Stunde.

Da kam eine samaritische Frau, um Wasser zu schöpfen.
Jesus sagte zu ihr:
Gib mir zu trinken!
Seine Jünger waren nämlich in die Stadt gegangen, um Lebensmittel einzukaufen.
Da sagte die Samariterin zu ihm:
Wie kannst du, ein Jude, von mir, einer Samariterin, zu trinken verlangen?
Juden verkehren nämlich nicht mit den Samaritern.

Jesus antwortete ihr:
Wenn du die Gabe Gottes kennen würdest und wer der ist, der zu dir sagt: Gib mir zu trinken!, dann hättest du ihn gebeten, und er hätte dir lebendiges Wasser gegeben.
Sie sagte zu ihm:
Herr, du hast kein Schöpfgefäß, und der Brunnen ist tief.
Woher hast du also das lebendige Wasser?
Du bist doch nicht größer als unser Vater Jakob, der uns den Brunnen geschenkt und selbst daraus getrunken hat samt seinen Kindern und seinen Herden?
Jesus antwortete ihr:

Jeder, der von diesem Wasser trinkt, wird wieder Durst bekommen. Wer aber von dem Wasser trinkt, das ich ihm geben werde, wird in Ewigkeit nicht mehr Durst haben; vielmehr wird das Wasser, das ich ihm gebe, in ihm zu einer Quelle werden, deren Wasser in das ewige Leben sprudelt.
Da sagte die Frau zu ihm:
Herr, gib mir dieses Wasser, damit ich keinen Durst mehr habe und nicht mehr hierher zu kommen brauche, um zu schöpfen.

Er sagte zu ihr:
Geh, ruf deinen Mann und komm wieder her!
Die Frau antwortete: Ich habe keinen Mann.
Jesus sagte zu ihr:
Du hast richtig gesagt: Ich habe keinen Mann. Denn fünf Männer hast du gehabt, und der, den du jetzt hast, ist nicht dein Mann. Da hast du die Wahrheit gesagt.

Die Frau sagte zu ihm:
Herr, ich sehe, dass du ein Prophet bist. Unsere Väter haben auf diesem Berge angebetet, aber ihr sagt, in Jerusalem sei die Stätte, wo man anbeten muss.
Jesus sagte zu ihr:
Glaub mir, Frau, es kommt die Stunde, wo ihr weder auf diesem Berge noch in Jerusalem den Vater anbeten werdet.
Ihr betet an, was ihr nicht kennt;
wir beten an, was wir kennen, denn das Heil kommt von den Juden.
Aber es kommt die Stunde und sie ist schon da, wo die wahren Anbeter den Vater im Geist und in der Wahrheit anbeten werden. Denn solche Anbeter sucht der Vater.

Gott ist Geist und alle, die ihn anbeten, müssen im Geist und in der Wahrheit anbeten.
Die Frau sagte zu ihm:
Ich weiß, dass der Messias kommt – das heißt: der Gesalbte.
Wenn er kommt, wird er uns alles verkünden.
Jesus sagte zu ihr:
Ich bin es, der mit dir redet.

Inzwischen waren seine Jünger zurückgekommen.
Sie wunderten sich, dass er mit einer Frau sprach.
Keiner jedoch sagte: Was willst du? oder: Was redest du mit ihr?
Da ließ die Frau ihren Krug stehen, ging in die Stadt und sagte zu den Leuten:
Kommt, seht, da ist ein Mann, der mir alles gesagt hat, was ich getan habe.
Ob er vielleicht der Messias ist?
Da liefen sie aus der Stadt hinaus und kamen zu ihm.
Johannes 4, 5–30

Das Ende des Wirkens Jesu, sein Tod und seine Auferstehung

Der Duft spricht:

Sie wusste um meine besondere Kostbarkeit und hielt mich in einem
schönen Gefäß gut verschlossen.
Dann kam der Tag, wo sie das Gefäß nahm, sich auf den Weg machte
und in ein Haus einkehrte.
Aber was war denn hier los?
Die Luft war zum Ersticken dicht und dick, die gesamte Atmosphäre belastet.
Die vielen Menschen schienen bedrückt zu sein, erschrocken und traurig.
Sie schwiegen, doch ihre Gedanken sprachen Bände, was alles an Schwerem und Furchtbarem auf ihnen lastete.

Hatte sie das geahnt oder gar gewusst?
Zielgerichtet ging sie durch die Menge direkt auf einen zu,
der sich in ihrer Mitte aufhielt.
Er war anders, er saß nicht bedrückt da.
Aufgerichtet und ruhig saß er da
und sah sie an, als hätte er auf sie gewartet.
Nein, beide sahen einander an, als hätten sie auf diesen Augenblick gewartet.

Leicht verneigte er sich vor ihr und sie sich vor ihm,
als sie das Gefäß nahm und aufbrach.

Da strömte ich heraus. Ich strömte zu ihm hin,
umgab ihn, umhüllte ihn,
breitete mich über seinen ganzen Körper aus –
und dann über den Raum.
Ich verwandelte die Luft, ich verwandelte die Atmosphäre, sodass sich die Menschen aufrichteten und aufschauten – und um sich herum schauten, woher dieser wundersam kostbare Lebenshauch käme.

Verwundert sahen sie ihn an, der sich nun erhoben hatte
wie einer, der zum König gesalbt worden war.
Was heißt: wie …

Salbung in Betanien

Als er in Betanien im Hause Simons des Aussätzigen zu Tisch lag, kam eine Frau mit einem Alabastergefäß voll echter, kostbarer Nardensalbe,
zerbrach das Gefäß und goss es über sein Haar.
Aber einige sagten unwillig zueinander:
Wozu diese Verschwendung des Salböls? Man hätte das Öl für mehr als dreihundert Denare verkaufen und den Erlös den Armen geben können.
Und sie schalten sie.
Jesus aber sagte:
Lasst sie! Was kränkt ihr sie? Sie hat eine gute Tat an mir getan.
Denn Arme habt ihr ja allezeit bei euch und könnt ihnen Gutes tun,
sooft ihr wollt; mich habt ihr nicht allezeit.
Was sie vermochte, hat sie getan; sie hat im Voraus meinen Leib zum Begräbnis gesalbt.
Amen, ich sage euch:
Wo immer auf der ganzen Welt das Evangelium verkündet wird, da wird auch zu ihrem Gedächtnis erzählt werden,
was sie getan hat.
Markus 14, 3–9

Das Kreuz spricht:

Ich bin eines der ältesten Zeichen der Erde.
Abertausende von Jahren wissen
die Menschen um mich und zeichnen mich in
Steine, formen mich aus Holz, bauen Häuser und
Kathedralen in meiner Form- und Symbolkraft.
Oben wie Unten – Erde und Himmel verbindend –,
unten wie Oben – die Seiten öffnend, weitend –
wissen die Menschen um meine Mitte, in der die
Vertikale die Horizontale trifft.

Jeder Mensch lebt mein Zeichen und meine Kraft.
Es ist allen eingegeben.
Der Erde verbunden sind alle zum Himmel
aufgerichtet, mitteln die Kräfte des Himmels mit
denen der Erde.
In der Mitte ihres Herzens lebt die Kreuzung,
mein Zentrum, aus dem die Kraft der Aufrichtung
in die Seiten strömt,
in Arme und Hände.

Viele wissen um die Kraft meiner Mitte, wenn sie
atmend zur Ruhe kommen.
Sie werden gewahr, dass es meine Mitte ist, in der
sich ihre Gedanken lösen
und ihr Verstand mit ihrem Empfinden zusammen-
fließt.
Manchmal erfahren sie, dass meine Mitte ihr
Lebenszentrum ist.

Du.
Viele hast du in meinem Zeichen aufgerichtet.
Vielen warst du selbst ein Zeichen neuen
Lebensweges. Anderen ein Zeichen der Störung
dessen, was sie bewahren wollten.
Bis zur Grenze bist du deinen Weg gegangen
und hast dein Leben eingegeben.
Die das Sagen hatten, wollten dich nicht.
Du musstest gehen.
Vielleicht wusstest du, dass sie dich töten würden.
Doch warum an mir?

Ich beklage die gewaltsamen Tötungen, die an mir
vollzogen wurden und mein Zeichen grausam
veränderten.
Ich beklage, dass es dir geschah,
ausgerechnet dir an mir,
dem Zeichen des Lebens!

Was alles ist dadurch gebrochen!
Und wie soll ich verstehen, was an mir geschah?
Ich beklage, dass viele bis heute dein Sterben an
mir als gottgewollt ansehen
und andere sich fragen, wie Gott dieses zulassen
konnte.
Ich beklage, dass viele seit deiner Tötung mit
meinem Zeichen nicht mehr Leben verbinden,
sondern Leiden, beständiges Leiden, das sie täglich
auf sich zu nehmen haben.
Was haben sie aus deinen Worten gemacht? Und

aus dir, dass sie mehr von deinem furchtbaren Tod
wissen als von deinem Leben?
Was haben sie aus mir gemacht,
dass mein Zeichen immer wieder als gewaltsame
Kreuzigung dasteht?

Sicher, ich höre auch, dass Menschen, die in
größter Not leben, sich deiner erlittenen Todesnot
an mir verbinden und mich als Kraft im
Durchhalten brauchen.
Ich höre es wie einen Trost –
und beklage ihre Not.

Doch du –
Hast du mich hören können,
als du schreiend an mir starbst
und ich dir sagte:
»Fürchte dich nicht –
Du stirbst
und ich glaube: Du stirbst
in die Allumfassende hinein, die Mitte des
Lebendigen.
Und ich glaube, dass mein Zeichen sich wieder
zum Leben aufrichten wird, auch durch dich.«

Kreuzigung

Eine große Volksmenge folgte ihm und viele Frauen, die ihn beweinten und beklagten.
Jesus wandte sich zu ihnen um und sagte:
Ihr Töchter Jerusalems, weint nicht über mich; weint vielmehr über euch selbst und euere Kinder! Denn es kommen Tage, da wird man sagen:
Wohl den Unfruchtbaren und den Leibern, die nicht geboren und den Brüsten, die nicht gestillt haben! …
Denn wenn man dies am grünen Holz tut, was wird erst am dürren geschehen?

Als sie an den Ort kamen, der Schädelstätte genannt wird, kreuzigten sie dort ihn und die Verbrecher, den einen zur Rechten und den anderen zur Linken.
Jesus aber betete: Vater, vergib ihnen, denn sie wissen nicht, was sie tun!
Lukas 23, 27–29.31.33–34

Aus dem Glaubensbekenntnis der christlichen Kirche

Gekreuzigt, gestorben und begraben. Hinabgestiegen in das Reich des Todes.
Am dritten Tage auferstanden von den Toten …

Der Stein spricht:

Ich bin ein großer Felsblock, den sie vor das Grab gelegt haben.
Es waren starke, kräftige Menschen, die mich ergriffen und vor die Höhle gerollt hatten, damit die Gruft zugedeckt sei.
So war es Brauch.
Brauch war auch, dass Frauen nach einigen Tagen der Beerdigung zum Grab kamen, um den Toten zu salben.
So auch hier.

An jenem Morgen kamen Freundinnen des Verstorbenen hierher.
Auf dem Weg fragten sie sich, wer mich zur Seite wälzen könne,
damit sie in die Gruft hineingehen könnten, um den Leichnam zu salben.
Zu Recht fragten sie sich dieses, denn ich war sehr mächtig, viel zu gewichtig für die Kräfte der Frauen.
Sie kamen näher und blieben erstaunt stehen, erschrocken erstaunt,
denn ich lag nicht mehr vor dem Grab. Ich war weggewälzt worden.
Niemand weiß, wer mich bewegte. Nur ich weiß es.

Voller Ehrfurcht und Scheu gingen die Frauen in die Gruft hinein.

Doch sie war leer. Der Leichnam war nicht mehr da.
Hinweggenommen wie ich.
Die Frauen erschraken, als sie dies wahrnahmen und dann die Lichter der Engel sahen, die zu ihnen sprachen:
»Er ist nicht hier. Er ist auferstanden.
Geht und sagt es den anderen.«

Entsetzt verließen die Frauen das Grab.
Auf dem Weg aber merkten sie, wie sie aufatmeten und innerlich frei wurden, verwundert und erfüllt mit Freude, fast lachend.
Ich war von ihrem Herzen gefallen.

Jesu Auferstehung

Als der Sabbat vorüber war, kauften Maria aus Magdala, Maria, die Mutter des Jakobus, und Salome Balsam, um zum Grab zu gehen und ihn zu salben.
Sie kamen am ersten Wochentag zum Grab, sehr früh, als eben die Sonne aufging. Sie sagten zueinander:
Wer wird uns den Stein vom Eingang des Grabes wegwälzen?
Doch als sie aufblickten, sahen sie, dass der Stein schon weggewälzt war; er war nämlich sehr groß.

Sie gingen in das Grab hinein und sahen einen jungen Mann auf der rechten Seite sitzen, bekleidet mit einem weißen Gewand, und sie erschraken.
Er aber sagte zu ihnen:
Erschreckt nicht! Ihr sucht Jesus von Nazareth, den Gekreuzigten. Er ist auferweckt worden, er ist nicht hier. Seht da die Stelle, wo sie ihn hingelegt hatten.
Aber nun geht und sagt seinen Jüngern und Petrus:
Er geht euch voraus nach Galiläa. Dort werdet ihr ihn sehen, wie er euch gesagt hat.

Da gingen sie hinaus und flohen vom Grab; denn Angst und Entsetzen hatte sie gepackt. Und sie sagten niemand etwas; denn sie fürchteten sich.

Markus 16, 1–8

Die Liebende spricht:

Sie kannten mich nicht.
Sie sagten von mir, dass ich von Dämonen besessen sei.
Sie meinten, ich könnte sie wie eine Schlange umgarnen und verschlingen.
Sie meinten, ich sei ein böser Geist, der sie betäube und hörig mache;
eine Kraft, die ihnen den Verstand rauben würde,
eine Macht, die über sie kommen würde.
Sie verbreiteten Geschichten über mich, die sie erfunden hatten,
die ihre Lust anheizten und sie selbst davor erschrecken ließ.
Sie mussten mich ausgrenzen.

Könnte ich den Tag vergessen, an dem wir uns begegneten?
Meine Kräfte sammelten sich.
Ich lebte im Du.

Ich konnte und wollte gar nicht anders, als mich ihm anzuschließen,
ihm und seinen Freundinnen und Freunden.
Ich ging mit ihnen mit und lebte im Weg immer weiter auf.
Angesehen war ich, gebraucht wurde ich mit meinen Erfahrungen, meinem Wissen und meinen Kräften.

Ich konnte Menschen zu liebevollem Miteinander
ermutigen.
Ich konnte Verletzungen verstehen und
Kränkungen heilen, Schmerzen,
die die Liebe mit sich bringt.
Er war mir nah – auch als der Weg schwer wurde.

Als er in seinem Tod lag,
ging ich zu ihm
– früh noch dunkel –
und sah das Nichts
und das Licht.

Da wendete ich mich.
Das Licht wendete mich,
und ich erkannte ihn
auferstehend,
als er meinen Namen nannte.

Die Jüngerinnen Jesu

Er predigte und verkündete das Evangelium vom Reich Gottes. Die Zwölf begleiteten ihn, außerdem einige Frauen: ... Maria mit dem Beinamen Magdalene, aus der sieben Dämonen ausgefahren waren ... und viele andere, die mit ihrem Vermögen für sie sorgten.

Lukas 8, 1–3

Der Ostermorgen

... Maria aber stand draußen vor dem Grab und weinte. Während sie weinte, beugte sie sich in das Grab vor und sah zwei weiß gekleidete Engel dasitzen, einen am Kopfende und einen am Fußende der Stelle, wo der Leichnam Jesu gelegen hatte. Sie sagten zu ihr: Frau, warum weinst du?
Sie antwortete ihnen: Weil man meinen Herrn weggenommen hat und ich weiß nicht, wohin man ihn gelegt hat.
Nach diesen Worten wandte sie sich um und sah Jesus dastehen, wusste aber nicht, dass es Jesus war.
Jesus sagte zu ihr: Frau, warum weinst du? Wen suchst du?
Sie meinte, es sei der Gärtner, und sagte zu ihm:
Herr, wenn du ihn fortgetragen hast, sag mir, wohin du ihn gelegt hast. Dann werde ich ihn holen.
Jesus sagte zu ihr: Maria!
Da erkannte sie ihn und sagte auf Hebräisch zu ihm:
Rabbuni!, das heißt: Meister!

Johannes 20, 1–2.11–16

Nach der Auferstehung Jesu

Odem Heiliger Geist spricht:

Von Anbeginn bin ich.
Sie beschreiben mich als Urkraft, die vor der Erschaffung der Erde da war
und über den Urwassern lebte und brütete.
Erfüllt bin ich mit Weisungen und Weisheit, mit schöpferischem Wissen,
hervorbringendem Bewegen.
In den allerersten Worten war ich dabei, als Gott die Erde erschuf, das Licht
und den ganzen Erdkreis. Alles Leben ist mit mir erfüllt und von mir umhüllt.
Ich beseele den Atem mit meiner lebendigen Geistkraft und bewege alles Leben mit meinen Rhythmen vom Ein und Aus, vom Werden und Vergehen.

In ihm war ich eine besondere Kraft,
seinem Sein, Sprechen und Wirken verbunden.
Es war, als lebte meine ganze Fülle in ihm.

Als er auferstanden war und viele seiner Freunde daran zweifelten, erschien er ihnen leibhaftig und hauchte sie mit mir an.

»Empfangt den heiligen Geist«, sagte er zu ihnen.
»Friede sei mit euch!«

Da wussten sie, dass ich immer in ihnen sein
würde –
mit jedem Atemzug
und mitten unter ihnen
in jeder Begegnung.

Alle leben in mir – und ich in ihnen.

Der erste Schöpfungsbericht

Im Anfang schuf Gott den Himmel und die Erde.
Die Erde aber war wüst und leer. Finsternis lag über dem Abgrund
und der Geist Gottes schwebte über den Wassern.
1. Mose 1, 1

Vollmacht der Jünger

Als es an jenem ersten Wochentag Abend geworden war und die Jünger dort, wo sie sich befanden, aus Furcht vor den Juden die Türen verschlossen hatten, kam Jesus, trat in ihre Mitte und sagte zu ihnen:
Friede sei mit euch!
Als er dies gesagt hatte, zeigte er ihnen seine Hände und seine Seite.
Da freuten sich die Jünger, dass sie den Herrn sahen.

Da sagte er noch einmal zu ihnen:
Friede sei mit euch!
Wie mich der Vater gesandt hat, so sende auch ich euch.
Als er dies gesagt hatte, hauchte er sie an und sagte zu ihnen:
Empfangt Heiligen Geist!
Johannes 20, 19–22

Die Leitungskraft spricht

»Hast du mich lieb?«

Was fragst du mich, du weißt es doch.
Was soll ich es sagen, wo du es doch weißt.
Ich bin bei dir, lang, eine halbe Ewigkeit.
Ich gehöre zu dir.

Was fragst du mich noch einmal.
Du weißt es doch.
Du schaust mich an und weißt es.
Du siehst mein Tun und weißt es.

Und fragst mich zum dritten Mal.
Was ist mit dir, dass du zum dritten Mal fragst –
als müsstest du dich vergewissern –
als müsstest du Worte aus mir herausholen
und mich hören.

Du weißt um meine Hingabe.
Ja, ich liebe dich.
Ja, ich höre dich.
Deine Frage nach meiner Liebe werde ich immer in
mir tragen, mich in allem von ihr bewegen lassen.

Und weide und hüte und weide.

Petrus und der Lieblingsjünger

Als sie das Frühmahl eingenommen hatten, sagte Jesus zu Simon Petrus:
Simon, Sohn des Johannes, liebst du mich mehr als diese?
Er antwortete ihm: Ja, Herr, du weißt, dass ich dich lieb habe.
Er sagte zu ihm: Weide meine Lämmer!

Er fragte ihn zum zweiten Mal:
Simon, Sohn des Johannes, liebst du mich?
Er antwortete ihm: Ja, Herr, du weißt, dass ich dich lieb habe.
Jesus sagte zu ihm: Weide meine Schafe!

Zum dritten Mal fragte er ihn:
Simon, Sohn des Johannes, hast du mich lieb?
Da wurde Petrus traurig, weil Jesus ihn zum dritten Mal gefragt hatte: Hast du mich lieb?
Und er antwortete ihm:
Herr, du weißt alles, du weißt, dass ich dich lieb habe.
Jesus sagte zu ihm: Weide meine Schafe!
Amen, amen, ich sage dir:
Als du jung warst, hast du dich selbst gegürtet und bist gegangen, wohin du wolltest.
Wenn du aber alt geworden bist, wirst du deine Hände ausstrecken und ein anderer wird dich gürten und dich führen, wohin du nicht willst.

Johannes 21, 15–18

SIE IST MEINE HIRTIN,
MIR WIRD NICHTS FEHLEN.
AUF GRÜNER AUE
WEIDET SIE MICH
UND FÜHRT MICH
ZUM FRISCHEN WASSER.
MEINE SEELE ERQUICKT SIE
UND LEITET MICH
AUF GUTEM WEG
UM IHRES NAMENS WILLEN.
AUCH WENN ICH
IM FINSTERN GEHEN MUSS
FÜRCHTE ICH KEIN UNHEIL,
DENN DU BIST BEI MIR.
DU BIST MIR STÜTZE UND GELEIT.
IM ANGESICHT MEINER FEINDE
DECKST DU MIR DEN TISCH.
DU SALBST MICH
UND BESCHENKST MICH MIT FÜLLE.
GÜTE UND FREUNDLICHKEIT
UMHÜLLEN MICH
JEDEN TAG.
AUF IMMER LEBE ICH
IN DEINEM HAUS.

PSALM 23

Erika 2013

Der Hirte

Der Herr ist mein Hirte,
mir wird nichts mangeln.
Er weidet mich auf einer grünen Aue
und führet mich zum frischen Wasser.
Er erquicket meine Seele.
Er führet mich auf rechter Straße
um seines Namens willen.

Und ob ich schon wanderte im finsteren Tal,
fürchte ich kein Unglück;
denn du bist bei mir,
dein Stecken und Stab trösten mich.

Du bereitest vor mir einen Tisch
im Angesicht meiner Feinde.
Du salbest mein Haupt mit Öl
und schenkest mir voll ein.

Gutes und Barmherzigkeit werden mir
folgen mein Leben lang,
und ich werde bleiben im Hause
des Herrn immerdar.
Psalm 23 (Luther-Übersetzung 1984)

Statt eines Nachworts

Vor nunmehr drei Jahrzehnten begann ich, gemeinsam mit anderen Menschen biblische Erzählungen in lebendiger Weise zu entdecken.

Mit eigener Lebenserfahrung wollten wir ihnen begegnen, sie für unser eigenes Leben erkunden und Weisungen finden.

Unserem heutigen Bewusstsein erscheint dieser individuell-subjektive Weg selbstverständlich. Doch vor Jahrzehnten war es aufregend neu und mutig, die alten biblischen Geschichten mit unserem eigenen Blickwinkel zu erforschen. Es war wie eine Befreiung hin zum eigenen Wissen und Fragen, zum eigenen Verstehen und Erleben.

Nicht wenige von uns hatten sich mit der Frage nach der *einen* richtigen Deutung einer biblischen Geschichte abgemüht.

Nun fingen wir an, das eigene Erfahren und Denken als kostbaren Wert zu entdecken. Die je eigene Lebensexpertise lebte in der Begegnung mit einer Geschichte auf. Das Erleben der anderen als eben wirklich anderen weckte unser Interesse, schuf Gemeinschaft.

Der Weg wurde durch Erkenntnisse und Übungswege der humanistischen Psychologie ermöglicht, die wir in unserem Erarbeiten integrierten.

Es war ein neuer Weg und wir nannten ihn Bibliodrama.

Dieser bewusst subjektiv-dialogische Weg mit biblischen Geschichten wurde damals von Kritikern als subjektivbeliebig betrachtet; ein Spiel mit biblischen Texten erachteten sie als unernst.

Uns jedoch wurden unsere Zusammenspiele wichtig.

Wir erkundeten Personen und Motive einer Erzählung, identifizierten uns mit ihnen und erfuhren in ihren Rollen im Miteinander ein neu entstehendes Zusammenspiel.

Wir entdeckten, wie wir an einem Geschehen mit beteiligt sind; wie unser Betrachten und Erleben das Entstehende mitgestaltet. Wir erkundeten Prozesse und Bewegungen der Spiele und erlebten, wie die Geschichten unter uns immer weitergingen und neu wurden.

Wahrnehmen des Geistes Gottes

Neugierig ließen wir uns auf die menschheitlichen Themen einer Geschichte ein, erfuhren sie für unser Jetzt und begegneten in je eigener Weise einer Spur, einem Erfahren mit dem Geist Gottes.

Im Besinnen merke ich, wie vorsichtig-achtsam wir uns in dieses eigene spirituelle Wahrnehmen vorwagten.

Oftmals waren die Teilnehmenden Frauen und Männer, die in ihrer Erziehung bestimmte Deutungen biblischer Geschichten und Worte in sich aufgenommen hatten, an denen sie zweifelten und zuweilen auch litten.

Ich frage mich oft, welche überkommenen Gottesbilder und geistig-geistlich festlegende Prägungen auch heute noch in uns wirken und sich nach Lösung und Neuwerden sehnen.

Ich höre Menschen, die es ablehnen, sich überhaupt

wieder mit der Bibel zu befassen. Ich höre Verletzungen, Kränkungen, die mir zuweilen wie spirituelle Traumata begegnen.

Der eigenen Sicht und Erfahrung Raum und würdigen Wert zukommen zu lassen, das war und ist schon viel. Ein jetziges eigenes Wahrnehmen des Geistig-Geistlichen zu merken und zuzulassen, eine Begegnung mit der eigenen Tiefe – das brauchte und braucht Schutz, Vertrauen, Zutrauen; achtsames Dasein in der Gemeinschaft und Begleitung.

Verbindungen zum sozialen und kulturellen Leben

Viele Bewegungen der Anfangsjahre haben sich in der Suche, ein eigener Mensch in Gemeinschaft zu sein und zu werden, immer weiterentwickelt.

Über die Jahre entstanden dabei verschiedene Prioritäten im Interesse; neben den persönlichen auch soziale und kulturelle.

So waren es etliche Jahre, in denen wir die Geschichten bewusst als Frauen erforschten und nach einem weiblichen Gottesbild fragten.

Zeiten gab es, in denen wir besonders auf das systemische Gewebe unserer Zusammenspiele achteten und sie auf Fragen heutiger Lebenszusammenhänge übertrugen.

Mit unseren Fragen für eine Zukunft der Erde und Menschheit wuchs unser Interesse an Geschichten, mit denen wir ein Zusammenleben von Natur und Geist erkunden konnten. Unsere Fragen nach einem lebendigen Teil-Nehmen im Ganzen wurden wach, unser Ver-Antworten.

Wir fingen an, mögliche Zusammenhänge von naturwissenschaftlichen Erkenntnissen und mystischem Erkennen zu erkunden.

Zunehmend interessierte uns ebenso, mit einer biblischen Geschichte ähnliche Motive in Gedichten und Erzählungen anderer Religionen und Kulturen wahrzunehmen.

Geist – Körper – Seele

In allen Erfahrungen und Begegnungen war und ist uns das Zusammenleben von Geist, Seele und Körper wesentlich – in uns selbst und im Miteinander.

Spielerisch und verlangsamt meditativ entdecken wir, wie eine körperliche Bewegung die innere seelische aufweckt; und die seelische unseren Körper.

Indem wir Haltungen und Bewegungen der Menschen in den Geschichten körperlich-seelisch erleben, spüren wir unsere eigenen inneren Haltungen.

In der Begegnung mit sich selbst und im Miteinander kann unser geistig-spirituelles Wahrnehmen wach werden. Ein solches eigenes Wahrnehmen bedarf, es ebenso eigen zu benennen – und es sich in der Resonanz der Stille auswirken zu lassen.

Es sind Wege und Übungen der Eutonie und der Europäischen Meditation, die mir aufmerksam achtendes Begleiten ermöglichen.

Betrachtungen zu heutigen Entwicklungen

In allen meinen Arbeiten, in Einzelgesprächen und unterschiedlichen Gruppen mit ihren Lebens- und Arbeitsthemen bekommen bewusst langsame, körperlich-seelisch-geistige Bewegungen zunehmend Interesse und Hinwendung.

Es nimmt nicht wunder. Inmitten ständiger Einflüsse, Informationen, Schnelligkeiten und belastenden Themen fragen viele Menschen, und auch ich, nach einem guten Gegengewicht und wahrhaft stärkenden Erfahrungen.

Wir sehnen uns nach einer Zeit, zu uns selbst zu kommen und Balance zu finden; innere Ruhe, Stille.

Wege suchen wir, um unsere Kraftquellen wieder zu entdecken und neue zu finden; Begegnung suchen wir mit uns selbst und mit anderen; ein Miteinander, in dem wir erleben, was zwischen uns geschieht und entsteht, und wo wir inmitten eine Spur des Geistigen wahrnehmen.

»Alles wirkliche Leben ist Begegnung« – sagt Martin Buber in seinem Buch »Ich und Du«.

Zeit suchen wir, um uns in Ruhe vergegenwärtigen zu können, was uns im Leben wichtig ist; um uns unserer eigenen Begabung wieder oder neu bewusst zu werden; und kraftvoll bedacht entscheiden zu können, wofür wir da sind und da sein wollen.

Zeit und Raum brauchen wir, auch, um wider alle Zeitgeister mutig nach vorn zu träumen – für unser Jetzt und für die, die nach uns kommen.

Ich erlebe, dass in Zeiten, in denen uns die Kraft und der Mut im Träumen auszugehen scheint, dass uns gerade dann alte Geschichten – wie manche biblischen – beleben und aufrichten können.

Sie leben in weiten Zeiträumen einer langen Tradition und weisen auf Visionen und Träume hin, die werden wollen, und die jetzt bei uns sind. Sie können uns stärken, ausrichten und zu unserem Lebensweg ermutigen – auch in der Begegnung mit nur einem Motiv, einem einzigen Wort.

März 2013 Heidemarie Langer

Verzeichnis der Bibeltexte

Verzeichnis der Bibeltexte

Die Bibel, Luther-Übersetzung.
Die Bibel, Zürcher Übersetzung.
Die Bibel, Übertragung von Jörg Zink, Kreuz.
Die Bibel in gerechter Sprache, Gütersloher Verlagshaus.
Die Schrift, Übersetzung von Martin Buber und Franz Rosenzweig.

Buber, Martin, Das dialogische Prinzip, Lambert Schneider, 1997.
Buber, Martin, Ich und Du, Lambert Schneider, 1962.
de Chardin, Pierre Teilhard, Der Mensch im Kosmos, Beck, 1981.
Dürr, Hans-Peter, Auch die Wissenschaft spricht nur in Gleichnissen, Herder, 2004.
Dürr, Hans-Peter, Wir erleben mehr als wir begreifen, Herder, 2001.
Fox, Matthew, Schöpfungsspiritualität, Kreuz, 1993.
Fritz, Robert, The Path of Least Resistance, Fawcett Columbine, 1984.
Hammarskjöld, Dag, Zeichen am Weg, Droemer Knaur, 1965.
Havel, Vaclav, Von welcher Zukunft ich träume, rororo, 1996.
Jungk, Robert, Trotzdem, Hanser, 1993.
Langer, Heidemarie, Vielleicht sogar Wunder, Kreuz, 1991, bod, 2001.
Macy, Joanna, Die Reise ins lebendige Leben, Junfermann, 2003.
Moltmann-Wendel, Elisabeth, Ein eigener Mensch werden, Gütersloher Verlagshaus, 2002.
Pagels, Elaine, Versuchung durch Erkenntnis, Insel, 1981.
Praetorius, Ina, Handeln aus der Fülle, Gütersloher Verlagshaus, 2005.

Schmidt, Helmut, Auf der Suche nach einer öffentlichen Moral, Goldmann, 2000.
Schulz von Thun, Friedemann, Miteinander reden, rororo, 1999.
Sölle, Dorothee, Mystik und Widerstand, Hoffmann und Campe, 1997.
Staehelin, Balthasar, Heilung geschieht von innen, Herder, 2002.
van Ogtrop, Verena, Europäische Meditation, Euro, 1984.
von Brück, Michael, Wie können wir leben?, Beck, 2002.
Wilber, Ken, Naturwissenschaft und Religion, Krüger, 1988.
Wilber, Ken, Halbzeit der Evolution, Goldmann, 1981.

Gedichte von Ingeborg Bachmann, Hilde Domin, Rose Ausländer, Rainer Maria Rilke.
Musik von Arvo Pärt und Johann Sebastian Bach.

Dank

Ich danke allen, die mich beim Schreiben ermutigt und begleitet haben, vor allem Gerda Iden, Hildegard Lüning, Nanni Lindbeck, Melanie Kirschstein, Liane v. Schweinitz, Friedrich Brandi; ebenso Eva, Jutta, Meike, Dr. M. und Peter. Der Schweizer Künstlerin Erika Steiner danke ich für die Zeichung der Hirtin.

Danken möchte ich mit diesem Buch auch allen Frauen und Männern, mit denen ich über Jahrzehnte biblische Geschichten im Bibliodrama entdecken konnte.